Ênio Silveira

Engenheiro mecânico pela Universidade Federal do Ceará – UFC.
Engenheiro eletricista pela Universidade de Fortaleza – Unifor.
Diretor pedagógico do Sistema ATS de Ensino.
Professor de Matemática e Física em escolas particulares do estado do Ceará.

MATEMÁTICA

Caderno de Atividades 4

5ª edição

MODERNA

© Ênio Silveira, 2019

MODERNA

Coordenação editorial: Mara Regina Garcia Gay
Edição de texto: Iasmin Ferreira Silva, Paulo César Rodrigues dos Santos
Gerência de *design* e produção gráfica: Everson de Paula
Coordenação de produção: Patricia Costa
Suporte administrativo editorial: Maria de Lourdes Rodrigues
Coordenação de *design* e projetos visuais: Marta Cerqueira Leite
Projeto gráfico: Bruno Tonel
Capa: Bruno Tonel, Daniel Messias
  Ilustração: Ivy Nunes
Coordenação de arte: Wilson Gazzoni Agostinho
Edição de arte: Adriana Santana
Editoração eletrônica: Teclas Editorial
Coordenação de revisão: Elaine Cristina del Nero
Revisão: Alessandra Félix, Nair H. Kayo, Recriar Editorial
Coordenação de pesquisa iconográfica: Luciano Baneza Gabarron
Coordenação de *bureau*: Rubens M. Rodrigues
Tratamento de imagens: Fernando Bertolo, Joel Aparecido, Luiz Carlos Costa, Marina M. Buzzinaro
Pré-impressão: Alexandre Petreca, Everton L. de Oliveira Silva, Marcio H. Kamoto, Vitória Sousa
Coordenação de produção industrial: Wendell Monteiro
Impressão e acabamento:
A.S. Pereira Gráfica e Editora EIRELI
LOTE: 797518 - Código: 24119829

Dados Internacionais de Catalogação na Publicação (CIP)
(Câmara Brasileira do Livro, SP, Brasil)

Silveira, Ênio
 Matemática: caderno de atividades / Ênio Silveira.
– 5. ed. – São Paulo : Moderna, 2019.

 Obra em 5 v. do 1º ao 5º ano.

 1. Atividades e exercícios 2. Matemática (Ensino Fundamental) I. Título.

19-25636 CDD-372.7

Índices para catálogo sistemático:
1. Matemática : Ensino Fundamental 372.7
Maria Paula C. Riyuzo – Bibliotecária – CRB-8/7639

ISBN 978-85-16-11982-9 (LA)
ISBN 978-85-16-11983-6 (LP)

Reprodução proibida. Art. 184 do Código Penal e Lei 9.610 de 19 de fevereiro de 1998.
Todos os direitos reservados
EDITORA MODERNA LTDA.
Rua Padre Adelino, 758 – Belenzinho
São Paulo – SP – Brasil – CEP 03303-904
Vendas e Atendimento: Tel. (0_ _11) 2602-5510
Fax (0_ _11) 2790-1501
www.moderna.com.br
2024
Impresso no Brasil

1 3 5 7 9 10 8 6 4 2

Apresentação

Estimado(a) aluno(a),

Este Caderno de Atividades foi elaborado com muito carinho para você!

Aqui você vai aplicar e melhorar seus conhecimentos em Matemática por meio da resolução de muitos exercícios.

O Caderno de Atividades está organizado em tarefas com exercícios variados que retomam os assuntos estudados no livro. Ao final de cada tarefa, há um desafio que vai exigir de você uma solução mais criativa.

Então, mãos à obra! Aproveite!

O autor

*Aos meus filhos:
Priscila, Ingrid e Ênio Filho,
minha inspiração, minha vida.*

Ênio Silveira

Sumário

Unidade 1 Sistema de numeração decimal 5

Tarefa 1, *5* ▪ Tarefa 2, *7* ▪ Tarefa 3, *9* ▪ Tarefa 4, *11*
Tarefa 5, *13* ▪ Tarefa 6, *15* ▪ Tarefa 7, *17* ▪ Tarefa 8, *19*
Tarefa 9, *21*

Unidade 2 Adição e subtração 23

Tarefa 10, *23* ▪ Tarefa 11, *25* ▪ Tarefa 12, *27* ▪ Tarefa 13, *29*
Tarefa 14, *31* ▪ Tarefa 15, *33* ▪ Tarefa 16, *35* ▪ Tarefa 17, *37*
Tarefa 18, *39*

Unidade 3 Geometria 41

Tarefa 19, *41*

Unidade 4 Multiplicação 43

Tarefa 20, *43* ▪ Tarefa 21, *45* ▪ Tarefa 22, *47* ▪ Tarefa 23, *49*
Tarefa 24, *51* ▪ Tarefa 25, *53*

Unidade 5 Divisão 55

Tarefa 26, *55* ▪ Tarefa 27, *57* ▪ Tarefa 28, *59* ▪ Tarefa 29, *61*
Tarefa 30, *63* ▪ Tarefa 31, *65*

Unidade 6 Figuras geométricas planas 67

Tarefa 32, *67* ▪ Tarefa 33, *69* ▪ Tarefa 34, *71*

Unidade 7 Medidas de tempo 73

Tarefa 35, *73*

Unidade 8 Números na forma de fração 75

Tarefa 36, *75* ▪ Tarefa 37, *77* ▪ Tarefa 38, *79* ▪ Tarefa 39, *81*
Tarefa 40, *83*

Unidade 9 Números na forma decimal 85

Tarefa 41, *85* ▪ Tarefa 42, *87* ▪ Tarefa 43, *89* ▪ Tarefa 44, *91*
Tarefa 45, *93* ▪ Tarefa 46, *95*

Unidade 10 Medidas de comprimento e de superfície 97

Tarefa 47, *97* ▪ Tarefa 48, *99* ▪ Tarefa 49, *101*

Unidade 11 Medidas de massa, de capacidade e de temperatura 103

Tarefa 50, *103* ▪ Tarefa 51, *105* ▪ Tarefa 52, *107* ▪ Tarefa 53, *109*

Unidade 1: Sistema de numeração decimal

Tarefa 1

1 Utilizando o nosso sistema de numeração, escreva os números representados pelos símbolos egípcios.

a) ▶ _____

b) ▶ _____

c) ▶ _____

d) ▶ _____

e) ▶ _____

f) ▶ _____

2 Escreva usando símbolos romanos.

a) 186 ▶ _____

b) 474 ▶ _____

c) 2 852 ▶ _____

d) 9 795 ▶ _____

e) 15 799 ▶ _____

f) 22 841 ▶ _____

g) 334 519 ▶ _____

3 Utilizando o nosso sistema de numeração, escreva os números representados pelos símbolos romanos.

a) CMLXX ▶ _____

b) DCXLI ▶ _____

c) MCDX ▶ _____

d) MVI ▶ _____

e) $\overline{LX}$DCCV ▶ _____

f) $\overline{XIV}$CCCXIX ▶ _____

Unidade 1 Sistema de numeração decimal

4 Escreva por extenso os números representados por símbolos romanos.

a) O para-raios foi inventado no século XVIII. _____

b) Os portugueses chegaram às terras que hoje fazem parte do Brasil no século XV.
_____

c) A Independência do Brasil ocorreu no século XIX. _____

5 Complete o quadro a seguir.

Números por extenso	Números naturais	Números representados por símbolos romanos
Mil seiscentos e treze		
Novecentos e sessenta e sete		
Dez mil, quatrocentos e cinquenta e seis		

6 Observe a cena abaixo e responda às perguntas.

a) Qual é o número da camiseta do jogador prestes a fazer a cesta? _____

b) Qual número aparece na camiseta do jogador que usa óculos? _____

c) Qual é a diferença de pontos entre as duas equipes? _____

d) O time que está perdendo precisa fazer quantos pontos para atingir 100 pontos?
_____

Desafio

Escreva com algarismos indo-arábicos e romanos os números situados entre 1 100 e 2 000 que terminam em zero cujo algarismo das centenas é o dobro do algarismo das dezenas. _____

Unidade 1 — Sistema de numeração decimal

Tarefa 2

1 Escreva no quadro de ordens ao lado o número correspondente à quantidade representada abaixo.

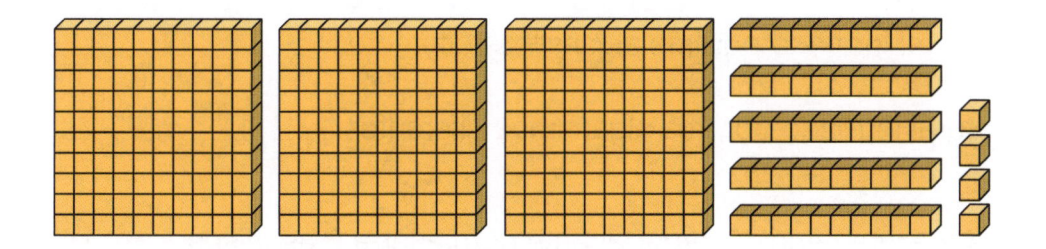

C	D	U

2 Escreva o número correspondente a:

a) 5 dezenas e 8 unidades ▶ _____

b) 4 centenas, 6 dezenas e 9 unidades ▶ _____

c) 8 centenas e 3 unidades ▶ _____

d) 2 dezenas e 7 unidades ▶ _____

e) 6 centenas, 4 dezenas e 3 unidades ▶ _____

f) 2 centenas e 9 unidades ▶ _____

3 Quantos grupos de 10 elementos podemos formar com as quantidades a seguir?

a) 87 ▶ _____ grupos

b) 56 ▶ _____ grupos

c) 93 ▶ _____ grupos

d) 24 ▶ _____ grupos

4 Quantos grupos de 100 elementos podemos formar com as quantidades a seguir?

a) 187 ▶ _____ grupo

b) 728 ▶ _____ grupos

c) 876 ▶ _____ grupos

d) 976 ▶ _____ grupos

sete 7

Unidade 1 — Sistema de numeração decimal

5 A sequência 0, 1, 2, 3, 4, 5, 6, 7, 8, 9, 10, 11, 12, ... constitui a sequência dos números naturais. Escreva o número correspondente ao:

a) menor número natural ímpar formado por dois algarismos ▶ _____

b) maior número natural formado por dois algarismos ▶ _____

c) menor número natural formado por três algarismos diferentes ▶ _____

d) maior número natural formado por três algarismos diferentes ▶ _____

6 Assinale com a letra **V** as sentenças verdadeiras e com a letra **F** as falsas.

☐ A sequência dos números naturais é infinita.

☐ O menor número natural é o 0.

☐ O número 476 é formado por dois algarismos.

☐ O número 342 é par e divisível por 3.

Desafio

Uma turma formou 4 times de futebol de salão: A, B, C e D. Quantos jogos serão necessários para que todos os times joguem entre si? Complete o quadro a seguir.

A × B	

Serão necessários _____ jogos para que todos os times joguem entre si.

Unidade 1 — Sistema de numeração decimal

Tarefa 3

1 De acordo com o quadro de ordens ao lado, determine o algarismo que ocupa a ordem das:

C	D	U
1	4	9

a) unidades ▸ _____
b) dezenas ▸ _____
c) centenas ▸ _____

2 Considerando o número 423, complete os espaços a seguir.

a) O algarismo 2 ocupa a ordem das _____.

b) O algarismo 4 ocupa a ordem das _____.

c) O algarismo 3 ocupa a ordem das _____.

3 Pinte de 🟥 o 4º, o 7º e o 13º patos, de 🟨 o 2º, o 10º e o 12º patos e de 🟫 o 3º, o 5º e o 9º patos.

4 Leia a informação abaixo e, depois, complete as afirmações a seguir com números que indiquem ordem.

> Participaram de uma corrida 60 atletas.

a) Luís foi o último colocado, chegando em _____ lugar.

b) Roberto foi o campeão, chegando em _____ lugar.

c) Ana chegou logo após o quadragésimo nono colocado. Ela chegou em _____ lugar.

d) Helena chegou duas posições antes do trigésimo quinto colocado. Ela chegou em _____ lugar.

Unidade 1 — Sistema de numeração decimal

5 Complete os espaços a seguir escrevendo, por extenso, números que indiquem ordem.

a) Tarefa 36 ▸ _____ tarefa.

b) Capítulo 89 ▸ _____ capítulo.

c) Página 75 ▸ _____ página.

d) Volume 12 ▸ _____ volume.

6 Escreva por extenso os seguintes números que indicam ordem.

a) 19º ▸ _____

b) 26º ▸ _____

c) 45º ▸ _____

d) 135º ▸ _____

e) 156º ▸ _____

f) 163º ▸ _____

g) 182º ▸ _____

Desafio

Descubra e escreva a mensagem, trocando cada operação pela letra que corresponde ao seu resultado.

B	M	I	U	E	T	O
12	81	72	15	64	36	100

9 × 9	5 + 5 + 5	36 + 36	18 × 2	10 × 10

2 × 6	8 × 8	27 + 27 + 27

Unidade 1 Sistema de numeração decimal

Tarefa 4

1 Quantos grupos de 1 000 elementos podemos formar com as quantidades a seguir?

a) 1 865 ▶ _____ grupo

b) 3 435 ▶ _____ grupos

c) 6 766 ▶ _____ grupos

d) 8 124 ▶ _____ grupos

2 Complete o quadro, decompondo e compondo os números.

3 684	
	30 000 + 5 000 + 400 + 60 + 8
92 631	
	10 000 + 3 000 + 500 + 7

3 Escreva por extenso os números a seguir.

a) 5 010 ▶ _____

b) 17 060 ▶ _____

c) 10 900 ▶ _____

4 Decomponha os números abaixo.

a) 9 760

b) 23 040

c) 57 800

_____   _____   _____

5 Escreva o número correspondente em cada item.

a) 2 dezenas de milhar, 1 unidade de milhar, 3 centenas, 2 dezenas e 9 unidades ▶ _____

b) 1 dezena de milhar, 3 unidades de milhar, 3 centenas e 4 dezenas ▶ _____

c) 2 unidades de milhar e 3 dezenas ▶ _____

onze 11

Unidade 1 Sistema de numeração decimal

6 Complete o quadro de ordens conforme exemplo.

	dezenas de milhar	unidades de milhar	centenas	dezenas	unidades
12 750	1	2	7	5	0
10 000					
23 220					

7 Complete os espaços a seguir.

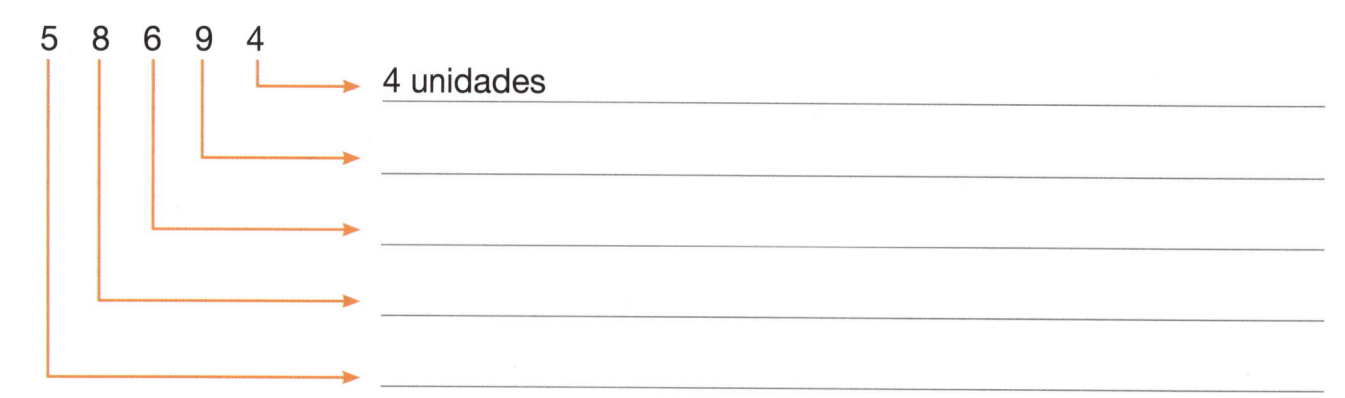

5 8 6 9 4

→ 4 unidades

_____

_____

_____

_____

8 Responda às questões.

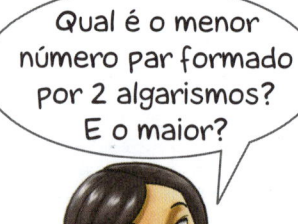

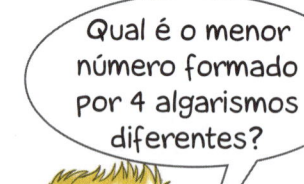

Qual é o menor número par formado por 2 algarismos? E o maior?

Qual é o menor número formado por 4 algarismos diferentes?

Qual é o maior número formado por 5 algarismos diferentes?

ILUSTRAÇÕES: EDNEI MARX

Desafio

Quantas centenas tem noventa milhares? _____

12 doze

Unidade 1 — Sistema de numeração decimal

Tarefa 5

1 Escreva em ordem crescente os números naturais abaixo.
Use o sinal < (menor que).

a) 284, 63, 746, 586, 1 837

_____

b) 1 846, 7 863, 436, 638, 14 380, 16 380

_____

2 Escreva em ordem decrescente os números naturais abaixo.
Use o sinal > (maior que).

a) 998, 1 000, 343, 1 836, 14 380, 143

_____

b) 8 436, 7 436, 1 846, 187, 367, 4 883

_____

3 Responda às questões.

a) Qual é o maior número par formado por cinco algarismos distintos?

_____

b) Qual é o menor número formado por cinco algarismos iguais?

_____

c) Qual é o menor número formado por cinco algarismos?

_____

d) Qual é o sucessor do maior número de cinco algarismos?

_____

treze 13

Unidade 1 — Sistema de numeração decimal

4 Escreva seis números de três algarismos, usando os algarismos 9, 5 e 4, sem repeti-los.

_____, _____, _____, _____, _____, _____

5 Usando os algarismos 5, 6 e 8, sem repeti-los, escreva seis números de três algarismos e disponha-os nos espaços a seguir em ordem crescente.

_____ < _____ < _____ < _____ < _____ < _____

6 Complete as sequências de números com seus sucessores.

a) 3 408, _____, _____, _____, _____, _____.

b) 999, _____, _____, _____, _____, _____.

7 Escreva o antecessor e o sucessor dos seguintes números naturais.

a) _____, 998, _____

b) _____, 350, _____

c) _____, 299, _____

d) _____, 589, _____

e) _____, 899, _____

f) _____, 159, _____

g) _____, 9 000, _____

h) _____, 8 798, _____

Desafio

Flávia numerou seu caderno da página 1 até a página 30. Quantos algarismos Flávia utilizou?

Flávia utilizou _____ algarismos para numerar as 30 páginas de seu caderno.

14 catorze

Unidade 1 — Sistema de numeração decimal

Tarefa 6

1 Observe o alvo ao lado.

a) Juliana lançou 9 dardos. Quantos pontos ela obteve?

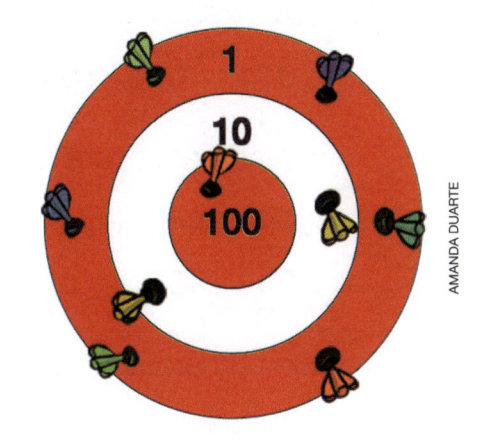

_____

b) Desenhe no alvo 9 dardos para obter 450 pontos.

2 Complete conforme o exemplo.

> 3 000 tem 30 centenas.

a) 5 008 tem _____ dezenas.

b) 5 795 tem _____ centenas.

c) 7 003 tem _____ unidades.

d) 7 362 tem _____ dezenas.

e) 4 000 tem _____ unidades.

f) 8 045 tem _____ dezenas.

3 Complete o quadro a seguir.

Um mil, seiscentos e oitenta e seis	
	36 413
Vinte e seis mil e treze	
	35 480
Quatorze mil e duzentos	
	75 040
Vinte mil e dez	

Unidade 1 — Sistema de numeração decimal

4 Reúna-se com um colega para fazer esta atividade.

  a) Providenciem uma calculadora e digitem:

  0 0 0 4 5 6

  Que número apareceu no visor da calculadora? _____

  b) Agora, digitem:

  0 0 0 0 4 5 6

  Que número apareceu no visor da calculadora? _____

  c) Expliquem por que, nos procedimentos anteriores, não apareceu 000456 ou 0000456 no visor da calculadora.

  _____
  _____
  _____

5 Decomponha os números abaixo conforme o exemplo.

> 4 857 = 4 unidades de milhar, 8 centenas, 5 dezenas e 7 unidades

  a) 2 901 = _____

  b) 9 081 = _____

6 Quantos grupos de 10 000 elementos podemos formar com estes números?

  a) 11 340 ▶ _____ grupo   **c)** 36 000 ▶ _____ grupos

  b) 96 380 ▶ _____ grupos   **d)** 67 800 ▶ _____ grupos

Desafio

Descubra o padrão e complete a sequência numérica a seguir.

17, 20, 23, _____, 29, 32, _____, 38, 41, 44, _____, 50

16 dezesseis

Unidade 1 — Sistema de numeração decimal

Tarefa 7

1 Escreva por extenso os seguintes números.

a) 10 246 ▶ _____

b) 47 320 ▶ _____

c) 12 480 ▶ _____

2 Quantos grupos de 10 podemos fazer com:

a) 340 lápis? _____

b) 180 cadernos? _____

c) 90 apontadores? _____

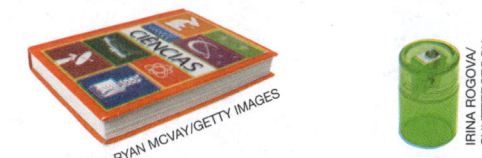

d) 550 livros? _____

3 Escreva quantas unidades vale o algarismo 8 em cada número. Observe o exemplo abaixo.

> **Exemplo:**
> 78 ▶ 8 unidades

a) 785 ▶ _____

b) 4 820 ▶ _____

c) 18 434 ▶ _____

d) 83 346 ▶ _____

4 Usando algarismos, componha os números que estão escritos por extenso.

a) 2 dezenas de milhar, 1 unidade de milhar, 2 centenas, 9 dezenas e 8 unidades ▶ _____

b) 8 dezenas de milhar, 6 unidades de milhar, 5 dezenas ▶ _____

c) 8 centenas e 4 dezenas ▶ _____

dezessete

Unidade 1 — Sistema de numeração decimal

5 O custo da reforma de uma escola de Ensino Fundamental foi de 84 643 reais.

Arredonde esse número para:

a) a dezena mais próxima ▶ _____

b) a centena mais próxima ▶ _____

c) a unidade de milhar mais próxima ▶ _____

d) a dezena de milhar mais próxima ▶ _____

6 Represente uma reta numérica, de 3 000 a 8 000, dividindo-a de 1 000 em 1 000 unidades. Depois, indique na reta, de forma aproximada, os números 3 821, 4 937, 6 090 e 7 125.

- Agora, indique o milhar mais próximo de cada número representado.
_____
_____

Desafio

Complete corretamente a sequência numérica abaixo.

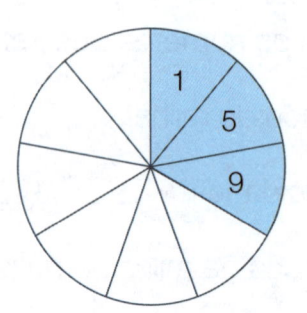

(círculo dividido em 8 partes, com os números 1, 5, 9 preenchidos)

dezoito

Unidade 1 Sistema de numeração decimal

Tarefa 8

1 Escreva com algarismos o número que está representado em cada ábaco. Depois, escreva como se lê cada número representado.

a)

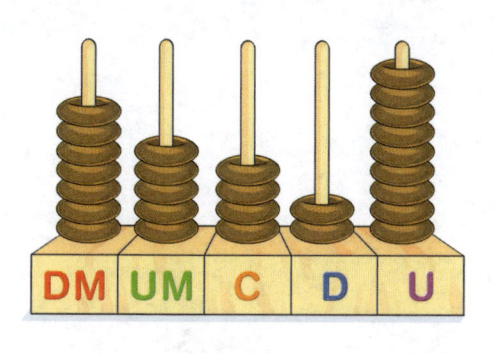

b)

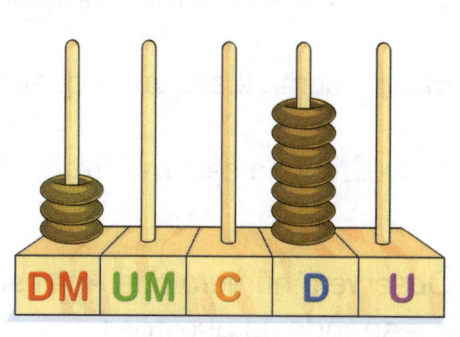

2 Complete os espaços em branco.

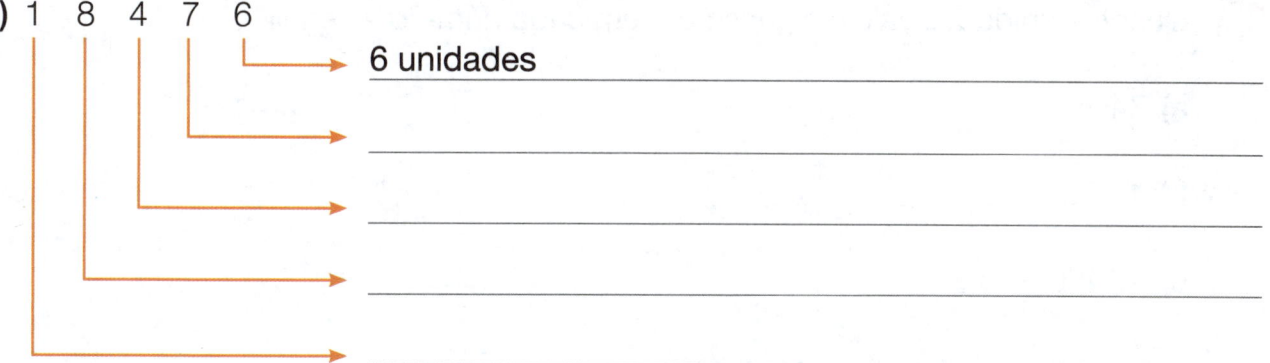

a) 1 8 4 7 6

→ 6 unidades

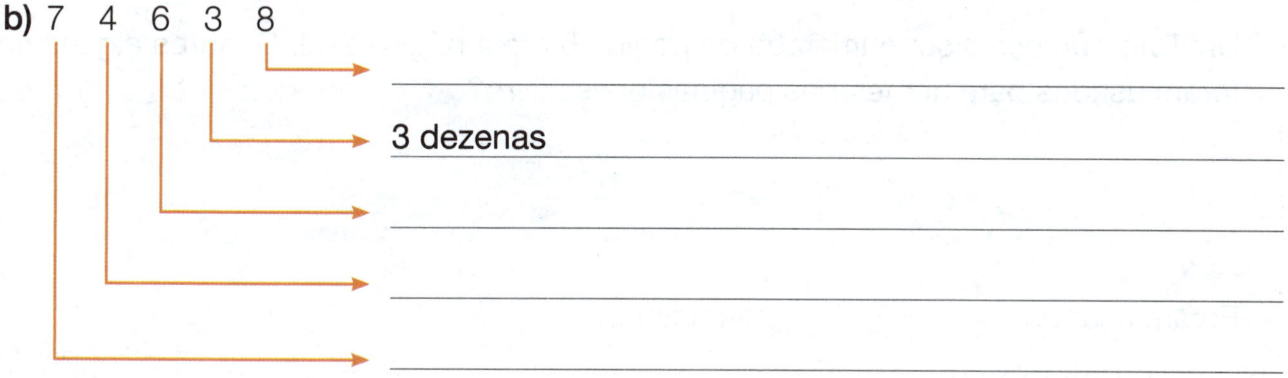

b) 7 4 6 3 8

→ 3 dezenas

dezenove 19

Unidade 1 — Sistema de numeração decimal

3 Represente com algarismos indo-arábicos os números abaixo.

a) Vinte e um mil, setecentos e noventa e dois ▶ _____

b) Noventa e sete mil e cinquenta ▶ _____

c) Cinquenta e seis mil e quatrocentos ▶ _____

d) Quarenta e sete mil, trezentos e oito ▶ _____

4 Observe o número que Ana escreveu no quadro e responda às questões.

a) Quantos algarismos ele tem? _____

b) Qual é o algarismo das dezenas de milhar? _____

c) Qual é o algarismo das unidades de milhar? _____

d) Qual é o seu antecessor? _____

10 000

5 Quantas unidades vale o algarismo 7 em cada número a seguir.

a) 74 ▶ _____

b) 1 753 ▶ _____

c) 17 436 ▶ _____

Desafio

Um livro começa a ser numerado da página 5 até a página 200. Quantos algarismos foram usados para numerar as páginas desse livro?

Foram usados _____ algarismos.

Unidade 1 Sistema de numeração decimal

Tarefa 9

1 Complete o quadro conforme o exemplo.

a) 245 centenas + 7 dezenas + 9 unidades

b) 5 dezenas de milhar + 4 unidades de milhar + 8 centenas

c) 17 unidades de milhar + 28 dezenas

d) 6 unidades de milhar + 5 unidades

dezenas de milhar	unidades de milhar	centenas	dezenas	unidades
2	4	5	7	9

2 Escreva por extenso os números a seguir.

a) 58 401 ▶ _____

_____

_____

b) 18 300 ▶ _____

_____

_____

c) 78 520 ▶ _____

_____

_____

vinte e um **21**

Unidade 1 — Sistema de numeração decimal

3 Em uma escola, foi realizada uma pesquisa em maio de 2019 para saber a quantidade de meninas e meninos de cada uma das quatro turmas do 4º ano. Veja o resultado no gráfico e, depois, responda às perguntas.

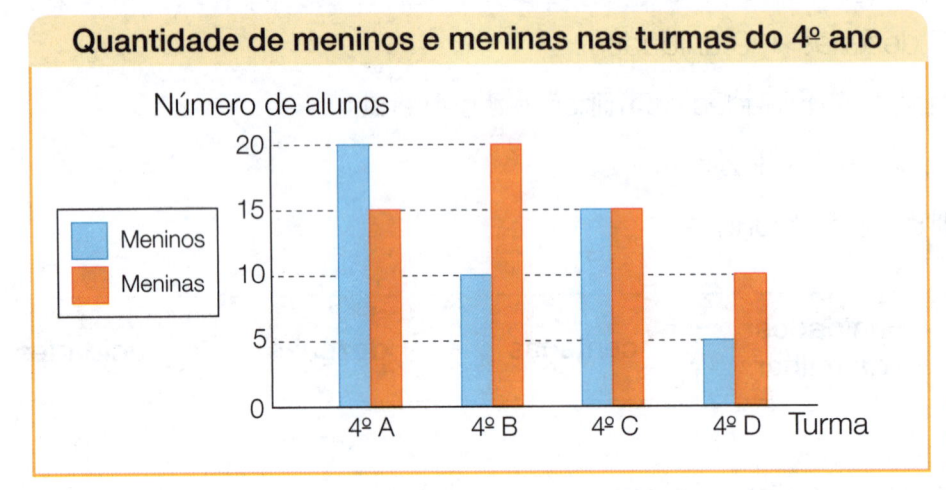

Quantidade de meninos e meninas nas turmas do 4º ano

(Gráfico de barras — Número de alunos)
- 4º A: Meninos 20, Meninas 15
- 4º B: Meninos 10, Meninas 20
- 4º C: Meninos 15, Meninas 15
- 4º D: Meninos 5, Meninas 10

Dados obtidos pela escola, em maio de 2019.

a) Em quais turmas o número de meninas é maior que o de meninos? Em qual delas o número é o mesmo?

_____

b) Quantas meninas e quantos meninos há no 4º B?

_____

c) Que turma tem o maior número de alunos? _____

4 Leia a manchete.

JORNAL A NOTÍCIA
O PORTO DE SANTOS RECEBE DIARIAMENTE 10 MIL CAMINHÕES

Na manchete, o número 10 000 foi substituído por "10 mil".

Registre os números correspondentes a cada expressão a seguir.

a) 52 mil reais ▶ _____   **b)** 35 mil pessoas ▶ _____

Desafio

Quantos algarismos tem o número seiscentos milhões? _____

vinte e dois

Unidade 2 — Adição e subtração

Tarefa 10

1 Efetue as adições.

a)
```
    230
  1 261
+ 4 508
-------
```

b)
```
  12 345
  24 131
+ 43 210
--------
```

2 Efetue as adições a seguir.

a) 457 + 212 = _____

b) 1 002 + 5 475 + 211 = _____

c) 85 006 + 13 547 + 785 = _____

```
  1 0 0 2
  5 4 7 5
+   2 1 1
---------
        ?
```

3 Efetue as adições a seguir.

a)
```
   578
 + 314
------
```

b)
```
  8 532
  4 713
+ 1 247
-------
```

c)
```
    987
    455
    358
+ 4 000
-------
```

vinte e três 23

Unidade 2 — Adição e subtração

4 Sabendo que uma moto tem 2 rodas e um caminhão tem 6 rodas, quantas rodas terá um estacionamento com 3 motos e 2 caminhões?

Terá _____ rodas.

5 Mário tem 1 centena de figurinhas, e Ana, meia centena a mais que Mário. Quantas figurinhas eles têm juntos?

Juntos, eles têm _____ figurinhas.

6 Em uma caixa, havia 1 milhar e meio de limões. Foram colocadas mais 12 centenas. Com quantos limões essa caixa ficou?

A caixa ficou com _____ limões.

Desafio

Em outro dia, o funcionário do estacionamento da atividade 4 constatou que havia 4 caminhões e 30 rodas. Podemos dizer que havia 3 motos no estacionamento?

_____

Unidade 2 Adição e subtração

Tarefa 11

1 Efetue as adições, completando os espaços.

a) meia centena + 250 unidades = _____ unidades

b) 7 dezenas + 6 centenas + 37 unidades = _____ unidades

c) meio milhar + 45 centenas = _____ unidades

2 Efetue as adições.

a) 10 005 + 5 431 = _____

b) 314 + 263 + 321 = _____

3 Qual é a propriedade da adição aplicada nas sentenças a seguir?

a) 2 + 4 = 4 + 2 ▶ _____

b) 15 + 0 = 0 + 15 = 15 ▶ _____

c) 3 + (2 + 8) = (3 + 2) + 8 ▶ _____

d) 10 + 20 = 20 + 10 ▶ _____

vinte e cinco **25**

Unidade 2 — Adição e subtração

4 Efetue as adições, aplicando as propriedades.

Comutativa

> 20 + 40 = 40 + 20 = 60

a) 100 + 30 = _____ + _____ = _____

b) 800 + 200 = _____ + _____ = _____

Associativa

> 25 + 2 + 6 = (25 + 2) + 6 = 25 + (2 + 6) = 33

c) 30 + 12 + 8 = _____

d) 70 + 30 + 40 = _____

5 Efetue as adições abaixo.

a) 186   315
   + 315   + 186
   _____   _____

b) 2 145   1 083
   +1 083   +2 145
   _____   _____

▶ Agora, responda:

O que acontece em uma adição quando trocamos a ordem das parcelas? Qual é o nome dessa propriedade?

_____

Desafio

Complete os círculos com os algarismos 3, 4, 5, 6 e 7, de modo que a soma de cada três algarismos alinhados seja 12.

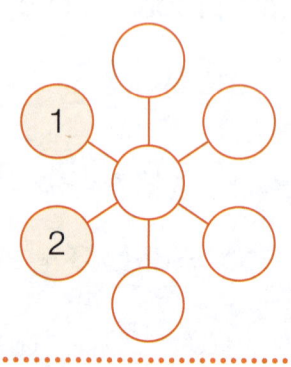

Unidade 2 — Adição e subtração

Tarefa 12

1 Efetue as adições a seguir.

a) 35 208 + 43 781 = _____

b) 1 085 + 3 403 + 5 311 = _____

2 Dê um exemplo para cada uma das propriedades a seguir.

a) Comutativa ▶ _____

b) Associativa ▶ _____

c) Elemento neutro ▶ _____

3 Sérgio sonhou que achava 4 sacos cheios de moedas de 1 real, mas só poderia levar um deles. Sabendo-se que em cada saco (A, B, C, D) a soma dos números corresponde ao total de moedas, em qual deles teria a maior quantia?

A: 875 720 1048
B: 593 750 1158
C: 100 23 96
D: 936 1060 682

O saco _____ teria a maior quantia.

vinte e sete 27

Unidade 2 — Adição e subtração

4 Elísio comprou uma furadeira. Deu 60 reais de entrada e mais 2 parcelas iguais de 35 reais. Qual é o preço total dessa furadeira?

O preço total dessa furadeira é _____ reais.

5 A dona de uma copiadora comprou 2 milhares e meio de folhas de papel. Depois, seu sócio comprou mais 12 centenas. Quantas folhas de papel foram compradas ao todo?

Ao todo, foram compradas _____ folhas de papel.

6 Calcule a soma de todos os números menores que 100 cujo algarismo das dezenas seja o dobro do algarismo das unidades.

A soma desses números é _____.

Desafio

Complete corretamente, sabendo que, a partir da 2ª linha, o número que aparece em cada quadro corresponde à diferença entre o maior e o menor dos números no interior dos dois quadros acima dele.

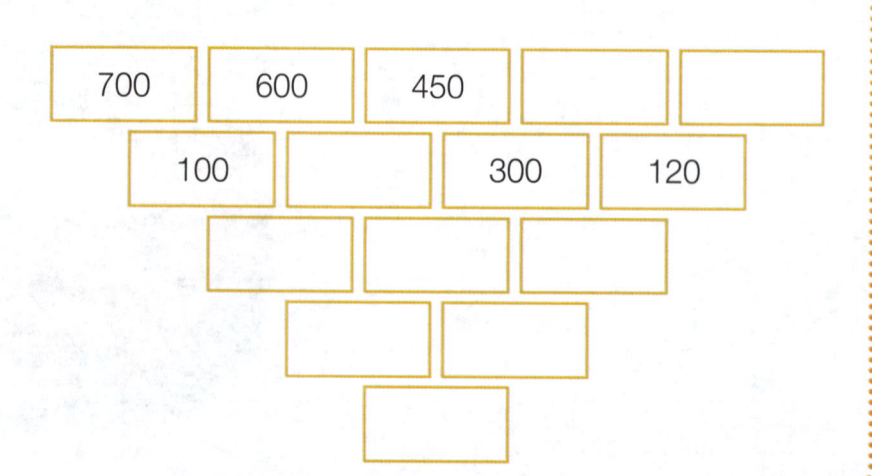

700	600	450		
	100		300	120

Unidade 2 — Adição e subtração

Tarefa 13

1 Em uma cesta, havia uma dúzia de ovos. Iaci colocou mais meia dúzia. Quantos ovos ficaram na cesta?

Ficaram _____ ovos na cesta.

2 Quantos cubos aparecem na figura ao lado? Represente com uma adição.

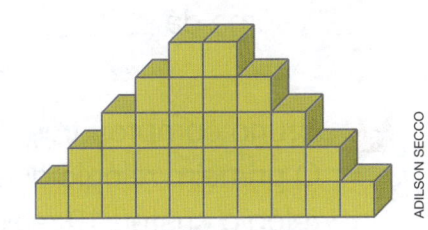

Nessa figura, aparecem _____ cubos.

3 Crie um problema com os números 500 e 600, envolvendo a adição. Depois, resolva-o.

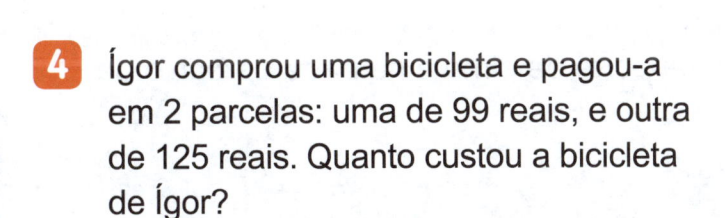

_____

_____

_____

4 Ígor comprou uma bicicleta e pagou-a em 2 parcelas: uma de 99 reais, e outra de 125 reais. Quanto custou a bicicleta de Ígor?

A bicicleta de Ígor custou _____ reais.

vinte e nove **29**

Unidade 2 — Adição e subtração

5 Efetue as adições.

a)
```
   8 500
+ 12 350
---------
```

b)
```
  200 000
+  76 000
---------
```

c)
```
  503 000
+  97 000
---------
```

6 Calcule a soma entre o sucessor de 7 099 e o antecessor de 10 000.

A soma dá _____.

7 Bruno comprou três relógios de parede para presentear seus tios. O primeiro relógio que ele comprou custou 38 reais. O segundo relógio custou 10 reais a mais que o primeiro, e o terceiro relógio custou 5 reais a mais que o segundo. Quanto Bruno gastou para comprar os três relógios?

Bruno gastou _____ reais.

Desafio

Observe a sequência e desenhe os pontos na parte de cima e na parte de baixo da peça da direita.

30 trinta

Unidade 2 — Adição e subtração

Tarefa 14

1 Efetue as subtrações.

a) 78
   −56
   ____

b) 453
   −268
   ____

c) 189
   − 67
   ____

d) 8 547
   −3 839
   ____

2 Efetue as subtrações.

a) 374 − 189 = _____

b) 5 387 − 4 298 = _____

3 Resolva estes problemas.

a) Em uma subtração, o resto é 179, e o subtraendo é 87. Qual é o minuendo?

O minuendo é _____.

b) Determine o subtraendo de uma operação em que o resto é 174 e o minuendo é 511.

O subtraendo é _____.

trinta e um 31

Unidade 2 — Adição e subtração

4 Calcule o resultado das operações e confira sua resposta.

a)	Prova	c)	Prova
853 +124 ――		348 +231 ――	
b)	**Prova**	**d)**	**Prova**
857 −135 ――		1 085 − 758 ――	

5 Complete os espaços em branco.

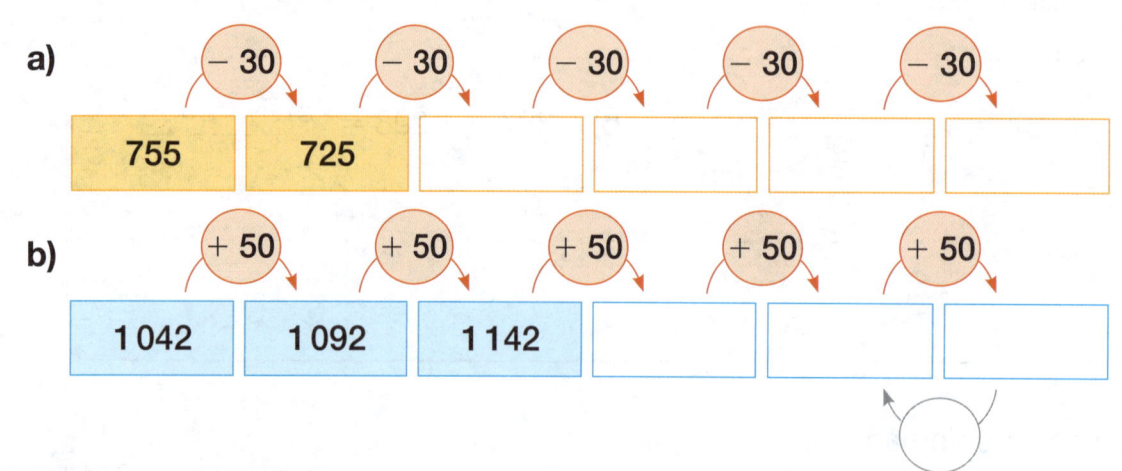

a) 755 → −30 → 725 → −30 → ☐ → −30 → ☐ → −30 → ☐ → −30 → ☐

b) 1 042 → +50 → 1 092 → +50 → 1 142 → +50 → ☐ → +50 → ☐ → +50 → ☐

Desafio

A soma dos termos de uma subtração (minuendo + subtraendo + resto) é 40. Se a soma dos termos de uma subtração é sempre o dobro do minuendo, qual é o minuendo?

O minuendo é _____.

Unidade 2 — Adição e subtração

Tarefa 15

1 Complete corretamente.

a) ☐ + 72 = 184

b) ☐ − 45 = 87

c) ☐ − 59 = 316

d) ☐ + 350 = 500

2 Determine o subtraendo de uma operação em que o resto é 256, e o minuendo é 400.

O subtraendo é _____.

3 Resolva as expressões numéricas.

a) 200 − 150 + 30 − 10 =

b) 810 + 75 − (60 + 19 − 15 + 3) =

4 Determine a diferença entre o sucessor e o antecessor de uma unidade de milhar.

A diferença é _____.

trinta e três 33

Unidade 2 Adição e subtração

5 Resolva as expressões numéricas.

a) 1 180 − (350 − 72 + 16) =

b) 430 − (118 + 45) + (76 − 12) =

6 Cássio tem 280 moedas. Ele tem 80 moedas a mais que Maria e 115 a mais que Karina. Quantas moedas têm Maria e Karina?

Maria tem _____ moedas, e Karina tem _____ moedas.

7 Observe a tabela ao lado e verifique as distâncias aéreas, em quilômetro, entre as rotas Rio de Janeiro-Porto Alegre e São Paulo-Porto Alegre. Depois, calcule a diferença entre essas distâncias.

Distâncias aéreas (em quilômetros)	
Rota	Distância
Rio de Janeiro-Porto Alegre	1 141
São Paulo-Porto Alegre	844

Dados obtidos em: <http://www.portalbrasil.net/aviacao_curiosidades.htm>. Acesso em: 14 maio 2019.

A diferença entre essas distâncias é _____ quilômetros.

Desafio

O símbolo % significa "por cento". No anúncio ao lado, 30% de desconto indica que, de cada 100 reais do preço, serão descontados 30 reais.

R$ 600,00
À vista com 30% de desconto.

Agora, responda às questões.

a) De quanto será o desconto na compra à vista?

_____

O desconto será de _____ reais.

b) Qual será o preço final do produto com o desconto?

_____

O preço final será _____ reais.

Unidade 2 — Adição e subtração

Tarefa 16

1 Calcule o resultado das subtrações e confira sua resposta.

a) 915 − 876 = _____

b) 17 954 − 15 818 = _____

2 Complete os quadros com os algarismos que estão faltando nas operações a seguir.

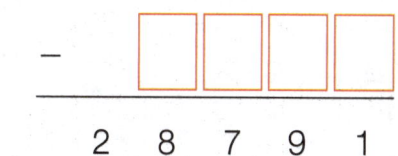

a)
```
    6 2 8 □ □
  + 1 6 □ 7 4
  ─────────
    □ □ 8 2 9
```

b)
```
    6 8 5 □
  +   □ 9 □ 8
  ─────────
    □ 2 □ 2 5
```

c)
```
    5 □ 7 □ 8
  +   □ 3 □ 9 2
  ─────────
    8 6 4 4 □
```

d)
```
    3 0 0 0 0
  −   □ □ □ □
  ─────────
    2 8 7 9 1
```

3 Um computador, uma impressora e um pacote com programas educativos custam 6 000 reais. Determine o preço da impressora, sabendo que o computador custa 3 150 reais, e o pacote com programas educativos, 1 285 reais.

O preço da impressora é _____ reais.

Unidade 2 — Adição e subtração

4 Observe a quantidade de carros fabricados por 3 montadoras durante um mês.

Agora, responda às questões.

Carros produzidos em um mês

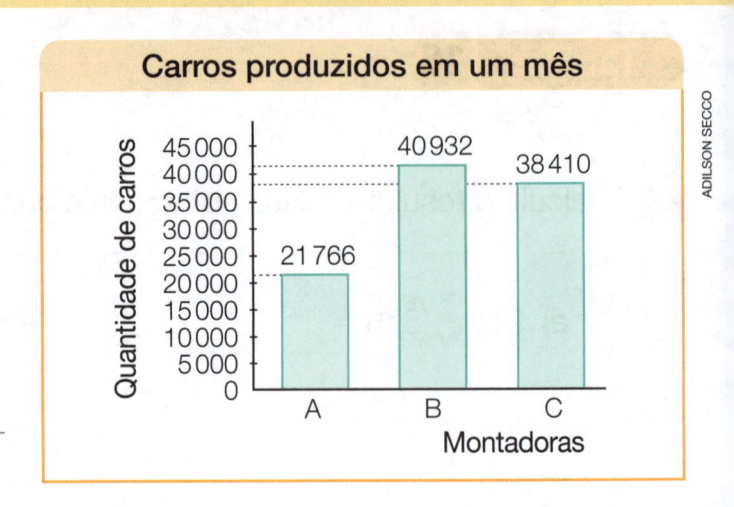

(Gráfico: A = 21 766; B = 40 932; C = 38 410 — Quantidade de carros × Montadoras)

a) Qual montadora fabricou mais carros durante um mês?

_____

b) Em quantas unidades a montadora C superou a fabricação de carros da montadora A nesse mês?

_____

A montadora C superou a montadora A em _____ unidades.

5 Complete corretamente os espaços a seguir.

256	=	256
☐ +	1 000	= 1 256
☐ ☐	=	4 256
☐ ☐	=	889

256 + 1000 = 1256

Desafio

Observe o início da sequência de pontinhos e complete o desenho.

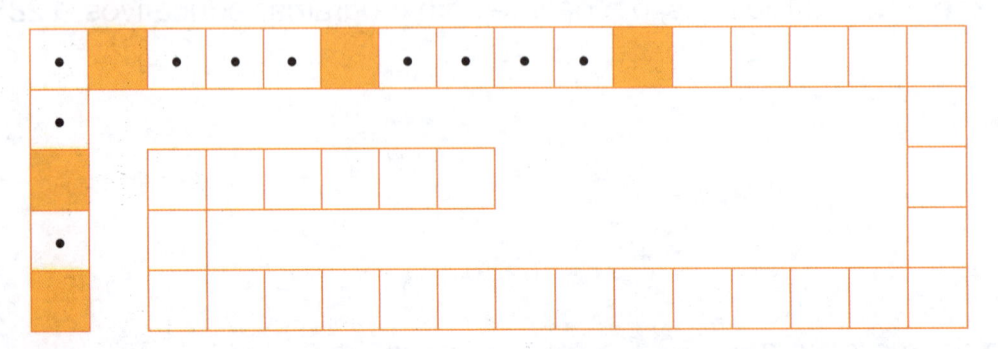

36 trinta e seis

Unidade 2 — Adição e subtração

Tarefa 17

1 Calcule o termo desconhecido.

a) ☐ − 856 = 1 240

b) 1 087 − ☐ = 342

2 Efetue as subtrações.

a)   7 9 1 0 0
   − 5 5 5 0 0
   _____

b)   1 0 0 0 0 0
   −   7 5 5 0 0
   _____

3 Calcule o resultado das subtrações abaixo.

a) 1 milhar − 1 dúzia e meia =

 = _____

b) meio milhar − meia dezena =

 = _____

4 Resolva as expressões numéricas.

a) 35 − 30 + (16 − 3 + 15) + 10 =	c) 90 − 20 + (60 − 30 + 5) − 15 =
b) 200 − (37 − 20 + 5) + 70 =	d) 250 − 100 + 30 − 10 + 9 =

trinta e sete

Unidade 2 — Adição e subtração

5 Em uma rodovia, passaram 2 978 veículos em um dia: 1 874 carros, 604 caminhões e diversos ônibus. Quantos ônibus passaram pela rodovia?

Passaram por essa rodovia _____ ônibus.

6 No álbum de Ana, cabem 120 figurinhas. Faltam 17 figurinhas para completá-lo. Quantas figurinhas Ana já colou no álbum?

Ana já colou _____ figurinhas no álbum.

7 Mário tinha 32 bolinhas de gude. Comprou mais 1 dúzia. Jogando com os colegas, perdeu 8. Com quantas bolinhas de gude Mário ficou?

Mário ficou com _____ bolinhas de gude.

Desafio

Quantos quadrados marrons faltam para completar o tabuleiro de xadrez?

Faltam _____ quadrados marrons para completar o tabuleiro de xadrez.

Unidade 2 — Adição e subtração

Tarefa 18

1 Luma comprou um aparelho telefônico por R$ 226,00 e resolveu revendê-lo por R$ 242,00. Qual foi o lucro que ela obteve?

O lucro que Luma obteve foi de _____ reais.

2 Ígor tinha 320 chaveiros em sua coleção. Deu 121 ao irmão e ganhou mais 98 da tia. Com quantos chaveiros Ígor ficou?

Ígor ficou com _____ chaveiros.

3 Uma padaria faz 12 670 pães por dia. No último domingo, sobraram 846 pães. Quantos pães foram vendidos?

Foram vendidos _____ pães.

Unidade 2 — Adição e subtração

4 Gil tinha 280 moedas de 1 real. Usou 60 dessas moedas para comprar um brinquedo e deu 65 moedas ao irmão. Com quantas moedas Gil ficou?

Gil ficou com _____ moedas de 1 real.

5 Qual é o desconto dado na venda desta televisão?

de R$ 2 390,00 por R$ 2 090,00

O desconto é de _____ reais.

Desafio

Observe a tabela com a população dos municípios que formam a região metropolitana do Cariri.

Agora, estime mentalmente a soma da população dos municípios:

a) Juazeiro do Norte e Crato.

_____

b) Crato e Barbalha.

_____

c) Juazeiro do Norte e Barbalha.

_____

Número de habitantes dos municípios da região metropolitana do Cariri	
Município	População
Juazeiro do Norte	271 926
Crato	131 372
Barbalha	60 155

Dados obtidos em: <https://www.ibge.gov.br/estatisticas/sociais/populacao/9103-estimativas-de-populacao.html?=&t=resultados>. Acesso em: 13 maio 2019.

Unidade 3 — Geometria

Tarefa 19

1 Associe os objetos ao nome da forma geométrica espacial com que se assemelham.

a)  (bola)

c)  (cone de trânsito)

e) (pirâmide)

b) (cubo de letras)

d) (pote cilíndrico)

f) (caixa de presente)

☐ Pirâmide ☐ Cubo ☐ Esfera

☐ Cilindro ☐ Cone ☐ Paralelepípedo

2 Determine o número de cubinhos utilizados em cada uma das figuras abaixo.

a) _____

b) _____

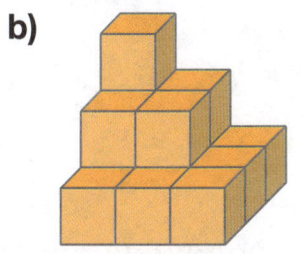

quarenta e um 41

Unidade 3 — Geometria

Desafio

Observe as embalagens desmontadas e ligue cada uma com a figura geométrica com que ela se parece quando montada.

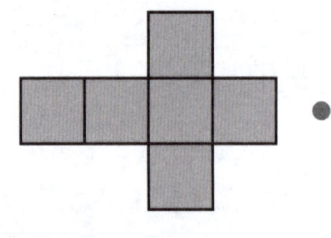

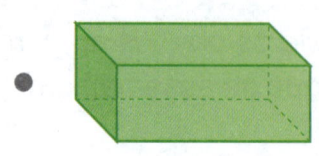

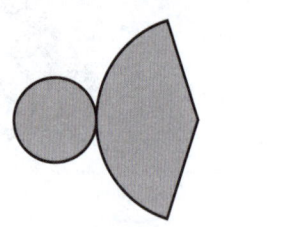

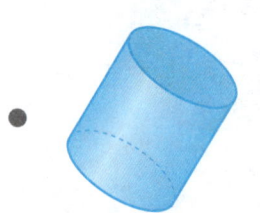

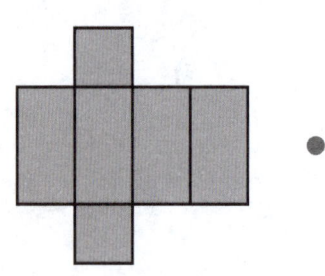

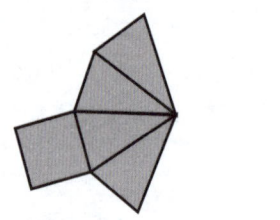

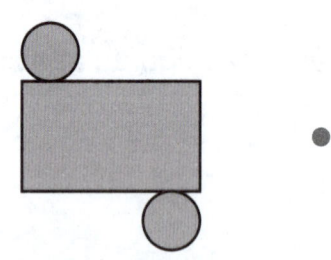

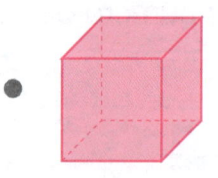

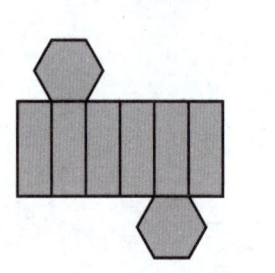

Unidade 4 — Multiplicação

Tarefa 20

1 Transforme em multiplicação as adições abaixo. Depois, calcule o produto.

a) 3 + 3 + 3 + 3 + 3 = _____

b) 6 + 6 + 6 + 6 = _____

c) 10 + 10 + 10 + 10 + 10 + 10 = _____

d) 15 + 15 + 15 = _____

2 Efetue as multiplicações.

a)
```
    3 7
×     3
───────
```

b)
```
  3 5 7
×     5
───────
```

c)
```
  2 3 6
×     4
───────
```

d)
```
1 2 3 4
×     8
───────
```

3 Efetue as multiplicações.

a) 9 × 134 = _____

b) 7 × 2548 = _____

4 Em uma multiplicação, o produto é 56, e um fator é 8. Qual é o outro fator?

O outro fator é _____.

quarenta e três 43

Unidade 4 | **Multiplicação**

5 Calcule mentalmente e registre os resultados.

a) 36 × 10 = _____

b) 36 × 100 = _____

c) 36 × 1 000 = _____

d) 36 × 10 000 = _____

e) 57 × 10 = _____

f) 867 × 100 = _____

g) 35 × 1 000 = _____

h) 1 857 × 100 = _____

6 Determine os produtos.

a) 15 × 30 = _____

b) 25 × 400 = _____

c) 38 × 5 000 = _____

d) 156 × 600 = _____

7 Paulo cortou 22 toras de madeira, cada uma pesando 8 kg. Determine a massa total dessas toras.

A massa total dessas toras é _____ quilogramas.

Desafio

Em um canteiro, estão dispostas 16 árvores, separadas 5 metros umas das outras. Supondo que há uma árvore em cada extremidade do canteiro, qual é o comprimento desse canteiro?

O comprimento do canteiro é _____ metros.

Unidade 4 — Multiplicação

Tarefa 21

1 Efetue as multiplicações e tire a prova em cada caso.

a) 1 3 × 5 ――	**Prova**	c) 2 3 × 8 ――	**Prova**
b) 1 4 6 × 7 ――	**Prova**	d) 1 3 5 4 × 6 ――	**Prova**

2 Observe os exemplos e complete o quadro.

×	0	1	2	3	4	5	6	7	8	9
0										
2										
4			8							
6										
7										63
9			18							

quarenta e cinco

Unidade 4 — Multiplicação

3 Indique a propriedade da multiplicação aplicada em cada caso a seguir.

a) 7 × 2 = 2 × 7 ▶ _____

b) 2 × (7 × 5) = (2 × 7) × 5 ▶ _____

c) 3 × (7 + 2) = (3 × 7) + (3 × 2) ▶ _____

d) 10 × 1 = 1 × 10 = 10 ▶ _____

4 Aplique a propriedade associativa para completar os espaços.

a) 2 × 6   ×   5   =   2   ×   6 × 5

  _____ × _____ = _____ × _____

           _____ = _____

b) 3 × 2   ×   5   =   3   ×   2 × 5

  _____ × _____ = _____ × _____

           _____ = _____

Desafio

Observe o caminho traçado na malha quadriculada. O caminho parte do ponto A (3, 11) e segue o código:

| 1↓ | 3→ | 2↑ | 2← | 1↓ | 1→ |

Esse caminho termina no ponto M (5, 11).

Trace o caminho que parte do ponto B (1, 4) e determine o ponto N de chegada desse caminho seguindo o código:

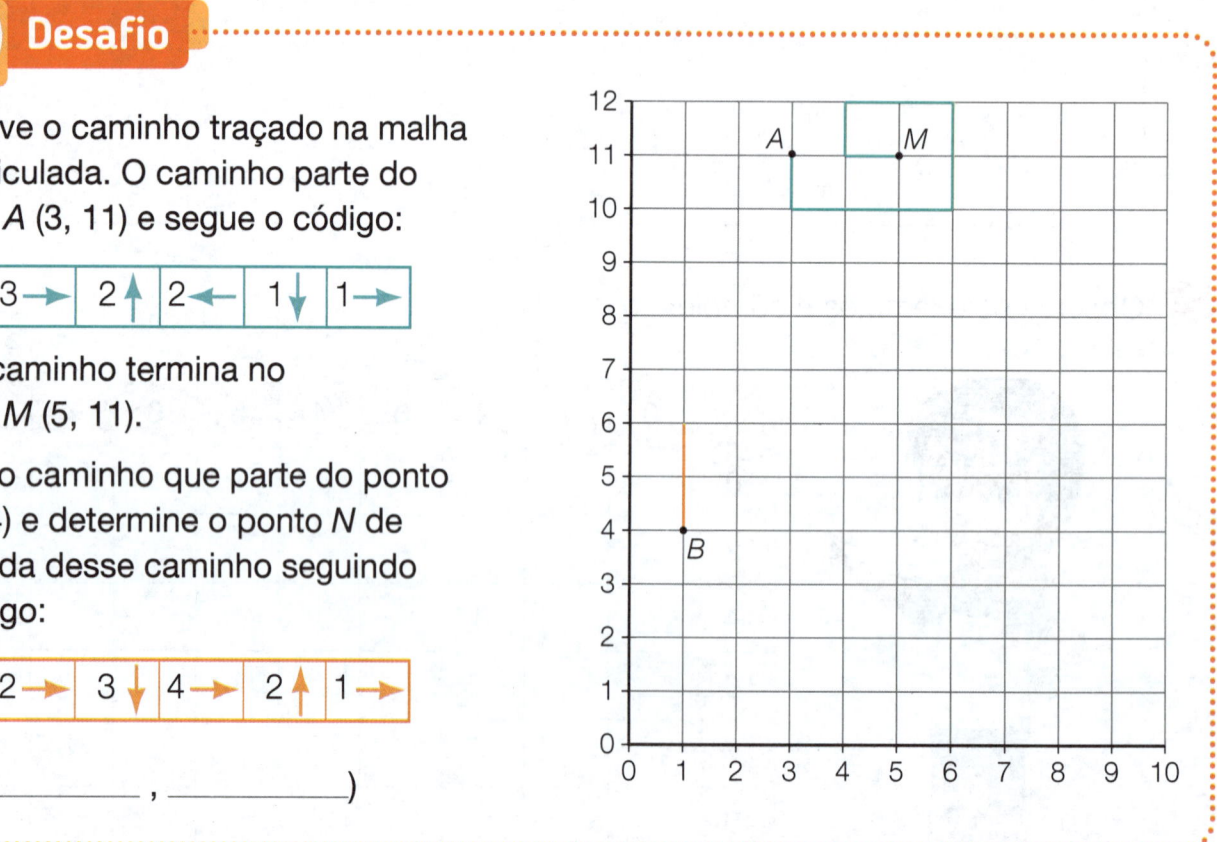

| 2↑ | 2→ | 3↓ | 4→ | 2↑ | 1→ |

N (_____ , _____)

46 quarenta e seis

Unidade 4 — Multiplicação

Tarefa 22

1 Efetue as multiplicações.

a) 75 × 546 = _____

c) 69 × 25 368 = _____

b) 54 × 1 076 = _____

d) 73 × 32 125 = _____

2 Complete as frases.

a) O dobro de 56 é _____.

b) O triplo de 64 é _____.

c) O quádruplo de 50 é _____.

d) O quíntuplo de 87 é _____.

e) O sêxtuplo de 195 é _____.

f) O triplo de meia centena é _____.

3 Marque com um **X** os múltiplos de 3 e contorne os múltiplos de 5.

1	2	3	4	5	6	7	8	9	10
11	12	13	14	15	16	17	18	19	20
21	22	23	24	25	26	27	28	29	30
31	32	33	34	35	36	37	38	39	40
41	42	43	44	45	46	47	48	49	50

quarenta e sete

Unidade 4 — **Multiplicação**

4 Escreva os 8 primeiros múltiplos de 9.

_____

5 Determine os produtos.

a) 85 × 10 = _____

b) 1 760 × 100 = _____

c) 857 × 1 000 = _____

d) 85 × 40 = _____

e) 37 × 300 = _____

f) 86 × 600 = _____

6 Em uma caixa, cabem 24 garrafas de suco.
Quantas garrafas cabem em 25 caixas iguais a essa?

Cabem _____ garrafas em 25 caixas.

7 Flávio vende 156 sorvetes por dia.
Quantos sorvetes venderá em 15 dias?

Flávio venderá _____ sorvetes.

Desafio

Luís pensou em um número. Em seguida, dividiu-o por 2, multiplicou o resultado por 5 e ao novo resultado adicionou 8 unidades, encontrando 228.
Em que número Luís pensou?

Luís pensou no número _____.

Unidade 4 — Multiplicação

Tarefa 23

1 Observe a embalagem de achocolatados e responda às questões.

  a) Quantas caixinhas há nessa embalagem?

  _____

  b) Quantas caixinhas há, no total, em 32 dessas embalagens?

  _____

2 Calcule aplicando a propriedade distributiva.

  a) 10 × (3 + 6) = _____

  b) 7 × (3 − 1) = _____

  c) 12 × (10 + 5) = _____

  d) 3 × (5 − 4) = _____

3 Observe as caixas de suco que estão em cima da mesa. Sabendo que há a mesma quantidade de latinhas em cada caixa, quantas latinhas são no total?

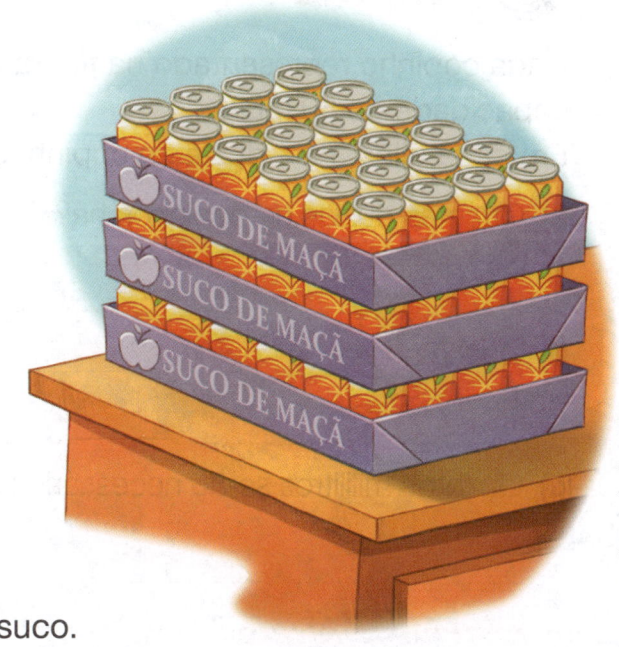

No total são _____ latinhas de suco.

quarenta e nove 49

Unidade 4 — Multiplicação

4 Assinale **V** para as sentenças verdadeiras e **F** para as falsas.

☐ O elemento neutro da multiplicação é o zero.

☐ A ordem dos fatores não altera o produto.

☐ Zero vezes três é igual a três.

☐ Zero vezes cinco é igual a zero.

☐ O elemento neutro da multiplicação é o 1.

5 Uma máquina produz, em média, 3 000 parafusos por minuto. Se ela funcionar durante meia hora, quantos parafusos serão produzidos?

Essa máquina produzirá _____ parafusos.

Desafio

Cada copinho representado na figura ao lado tem capacidade de 50 mL.
Em cada pilha, há 1 dúzia de copinhos.

a) Quantas dúzias de copinhos há?

_____

b) Qual é o total de copinhos?

_____

c) Quantos mililitros serão necessários para encher todos esses copinhos?

_____

Unidade 4 — Multiplicação

Tarefa 24

1 Complete o quadro a seguir conforme o que se pede.

	Dobro	Triplo	Quádruplo	Quíntuplo	Sêxtuplo
35					
68					
200					
225					
350					

2 Fernanda tem R$ 150,00. Pedro tem o quádruplo dessa quantia. Quantos reais os dois têm juntos?

Juntos, os dois têm _____ reais.

3 Resolva as expressões numéricas a seguir.

a) $8 + 5 \times 4 - 2 =$

b) $118 - 10 \times 5 + 6 =$

c) $12 - 5 \times 1 + 2 =$

d) $100 - 20 + 4 \times 4 =$

cinquenta e um 51

Unidade 4 — Multiplicação

4 Para colocar um piso de cerâmica na sala da casa de Maria, foram utilizadas 25 caixas com 60 peças de pisos cada uma. Quantas peças foram utilizadas ao todo?

Foram utilizadas _____ peças.

5 Qual é o maior múltiplo de 6 de dois algarismos?

O maior múltiplo de 6 de dois algarismos é _____.

6 Um caminhão transporta 148 sacos de cimento, cada um deles com 50 quilogramas. Qual é a massa total desses 148 sacos de cimento?

A massa total é _____ quilogramas.

Desafio

Os desenhos abaixo representam escadas construídas com quadradinhos.

1 degrau 2 degraus 3 degraus 4 degraus

▶ Complete as frases.

a) Para construir uma escada de 5 degraus, são necessários _____ quadradinhos.

b) Para construir uma escada de 6 degraus, são necessários _____ quadradinhos.

Unidade 4 — Multiplicação

Tarefa 25

1 Futebol *society* é um esporte coletivo jogado entre dois times, com 7 jogadores em cada um. Carlos, professor de Educação Física de um colégio, organizou um torneio de futebol *society* com dois grupos de 4 times cada um. Quantos jogadores participaram desse torneio?

Participaram desse torneio _____ jogadores.

2 Em abril de 2019, Joana registrou em uma tabela a quantidade de alguns produtos vendidos em uma semana na papelaria em que trabalha.

Quantidade de alguns produtos vendidos em uma semana		
Produto	Número de caixas	Quantidade de produtos por caixa
Caneta azul	19	30
Lápis preto	24	36
Borracha	5	24

Dados obtidos por Joana, em abril de 2019.

a) Quantas canetas azuis foram vendidas nessa papelaria em uma semana? E lápis pretos?

Foram vendidos _____ canetas azuis e _____ lápis pretos.

b) Se cada borracha foi vendida por 50 centavos, quanto foi o valor da venda das borrachas nessa semana?

O valor da venda das borrachas nessa semana foi _____ reais.

Unidade 4 — **Multiplicação**

3 Agrupe os números da maneira que julgar mais adequada para fazer as operações mentalmente. Depois, escreva o resultado das operações.

a) $23 \times 5 \times 2 =$ _____

b) $2 \times 25 \times 4 =$ _____

c) $10 \times 55 \times 2 =$ _____

d) $7 \times 10 \times 8 =$ _____

4 Observe como Isabela pensou para calcular o resultado de 3×20. Agora, faça como Isabela e calcule as multiplicações abaixo.

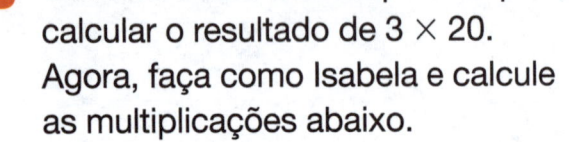

> $3 \times 20 =$
> $= 3 \times 2 \times 10 =$
> $= (3 \times 2) \times 10$,
> que é igual a 60.

a) $5 \times 40 =$ _____

b) $7 \times 30 =$ _____

c) $6 \times 50 =$ _____

d) $5 \times 90 =$ _____

e) $6 \times 4 \times 20 =$ _____

f) $8 \times 2 \times 70 =$ _____

Desafio

Observe a figura e represente com uma multiplicação o que se pede.

a) Quantidade de quadradinhos amarelos.
_____

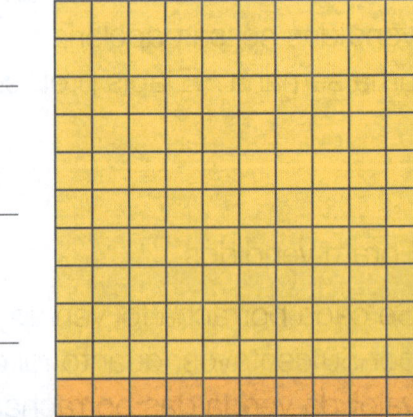

b) Quantidade de quadradinhos verdes.
_____

c) Quantidade de quadradinhos azuis.
_____

d) Quantidade de quadradinhos laranja.
_____

e) Quantidade total de quadradinhos.
_____

Unidade 5 — Divisão

Tarefa 26

1 Responda às questões.

a) Qual é o resto de uma divisão exata? _____

b) Qual é o maior resto possível em uma divisão cujo divisor é igual a uma centena?

_____

c) Quando uma divisão é considerada não exata?

_____

2 Complete os espaços com o maior resto possível.

a) _____ | 8   b) _____ | 17   c) _____ | 135
   _____   _____   _____

3 Em uma divisão exata, o quociente é 9, e o dividendo é 171. Qual é o divisor?

O divisor é _____.

4 Para cobrir 15 casas iguais, são necessárias 73 440 telhas. Sabendo que cada casa é coberta com a mesma quantidade de telhas, quantas telhas são necessárias para cobrir uma casa?

São necessárias _____ telhas para cobrir uma casa.

Unidade 5 — Divisão

5 Francisco comprou 6 camisas do time Alfa por 492 reais. Quanto custarão 10 dessas camisas?

Dez dessas camisas custarão _____ reais.

6 Um ônibus transporta 45 passageiros por viagem. Para transportar 270 passageiros, com a capacidade máxima do ônibus, quantas viagens serão necessárias?

Serão necessárias _____ viagens.

7 Em uma divisão exata, o quociente é 12, e o divisor é 7. Qual é o dividendo?

O dividendo é _____.

8 Qual é o maior divisor de 32? E o menor?

_____

Desafio

Complete os quadros tornando as igualdades verdadeiras.

	÷		=	2
×				×
	+	2	=	
=		=		=
8		−		=

	÷		=	
×		÷		×
	+		=	
=		=		=
		−		=

56 cinquenta e seis

Unidade 5 — Divisão

Tarefa 27

1 Complete as seguintes divisões.

a) _____ | 19
    0   7

b) _____ | 35
          13
  _____ ← maior resto possível

c) _____ | 53
    13   14

d) _____ | ___ ← menor divisor possível
    9   14

2 Efetue as divisões a seguir.

a) $1536 \div 38 =$ _____

b) $5476 \div 12 =$ _____

3 Calcule mentalmente e registre os resultados.

a) $60 \div 10 =$ _____

b) $6800 \div 100 =$ _____

c) $75000 \div 1000 =$ _____

d) $7800 \div 10 =$ _____

e) $9000 \div 100 =$ _____

f) $88000 \div 1000 =$ _____

4 Efetue as divisões.

a) $800 \div 20 =$ _____

b) $7000 \div 700 =$ _____

c) $9000 \div 30 =$ _____

d) $150000 \div 500 =$ _____

Unidade 5 — Divisão

5 Efetue as divisões a seguir e tire a prova.

a) 756 | 18   Prova

b) 17 578 | 94   Prova

c) 8 709 | 35   Prova

d) 14 996 | 23   Prova

Desafio

Trace o caminho saindo de A e chegando a B, de acordo com o código a seguir.

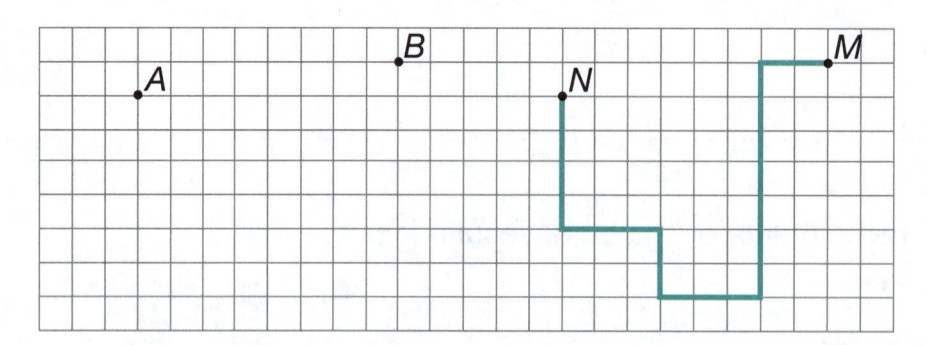

| 4 ↓ | 3 → | 2 ↓ | 3 → | 7 ↑ | 2 → |

A seguir, escreva o código que representa o caminho saindo de M e chegando a N.

| 2 ← | | | | | |

Compare os códigos. O que você observou?

_____

Unidade 5 — Divisão

Tarefa 28

1 Efetue as divisões a seguir e tire a prova em cada caso.

a) 10 057 | 35   Prova

b) 87 500 | 94   Prova

2 Calcule o valor do termo desconhecido em cada caso.

a) ☐ ÷ 12 = 50

b) 640 ÷ ☐ = 16

3 Em uma divisão, o quociente é 57, o divisor é 36, e o resto é o maior possível. Qual é o dividendo?

O dividendo é _____.

4 Efetue as divisões.

a) 8 400 ÷ 3 = _____

b) 162 000 ÷ 18 = _____

Unidade 5 — Divisão

5 A professora do 4º ano distribuiu 420 balas entre seus 28 alunos. Quantas balas cada aluno recebeu?

Cada aluno recebeu _____ balas.

6 Tenho 14 dúzias de flores para distribuir igualmente em 13 vasos. Quantas flores colocarei em cada vaso? Quantas flores sobrarão?

Colocarei _____ flores em cada vaso e sobrarão _____ flores.

7 Em um supermercado, 1 078 produtos serão distribuídos igualmente em 22 prateleiras. Quantos produtos serão colocados em cada prateleira?

Em cada prateleira, serão colocados _____ produtos.

Desafio

Efetue toda a sequência de operações, partindo do número 20, e determine o resultado obtido no final. Esse resultado corresponde a quantas vezes o número 20?

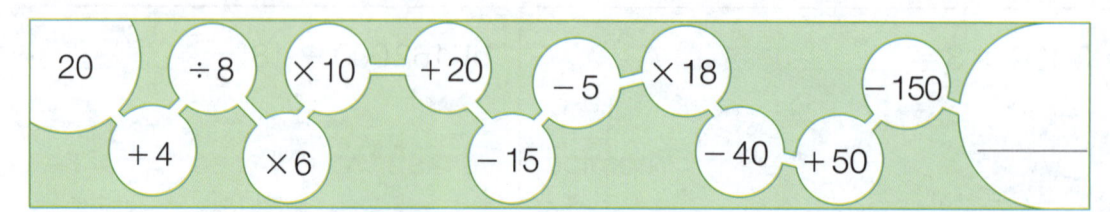

20 → ÷8 → +4 → ×10 → ×6 → +20 → −15 → −5 → ×18 → −40 → +50 → −150 → ____

ADILSON SECCO

Unidade 5 — Divisão

Tarefa 29

1 Uma escola recebeu 36 embalagens contendo 50 livros em cada uma para serem igualmente distribuídos em 12 salas. Quantos livros receberá cada sala?

Cada sala receberá _____ livros.

2 O sêxtuplo de um número é 1 230. Qual é esse número?

O número é _____.

3 Determine os divisores de 36 menores que 10.

Os divisores de 36 menores que 10 são _____.

4 Cerque com uma linha a frase que apresenta o valor que mais se aproxima do resultado em cada situação.

a) 810 balas distribuídas igualmente em 30 saquinhos.

▶ 3 balas em cada saquinho.   ▶ 30 balas em cada saquinho.

b) 1 080 gramas de sal distribuídos igualmente em 90 pacotes.

▶ 10 gramas de sal em cada pacote.   ▶ 100 gramas de sal em cada pacote.

Unidade 5 — Divisão

5 A prefeitura de uma cidade colocou 318 metros de tubulação para esgoto em determinado bairro. Nessa obra, foram utilizadas peças de cano com 6 metros de comprimento. Quantas peças foram utilizadas?

Foram utilizadas _____ peças.

6 A tecla com o número 7 da calculadora de Mário não está funcionando. Veja as teclas que ele usou para efetuar a multiplicação 7 × 24.

3 + 4 = × 2 4 = 168

a) O procedimento de Mário está correto? Justifique sua resposta.

_____

_____

b) Você faria de outra maneira? Como?

_____

_____

c) Agora, com o auxílio de uma calculadora, faça a multiplicação 58 × 21, sem usar a tecla 5.

Desafio

Aline está com uma forte gripe, e o médico receitou um comprimido a cada 8 horas. Quantos comprimidos por dia ela tomará até sarar da gripe?

Aline tomará _____ comprimidos por dia.

Unidade 5 — Divisão

Tarefa 30

1 Efetue as divisões a seguir e tire a prova em cada caso.

a) 87 403 | 5   Prova   b) 80 802 | 67   Prova

2 Determine os dividendos das divisões a seguir.

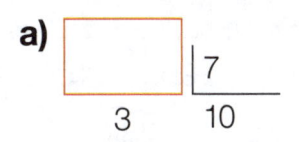

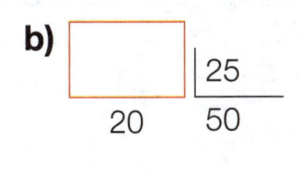

a) ☐ | 7
   3   10

b) ☐ | 25
   20   50

3 Em uma divisão, o quociente é 18, o divisor é 7, e o resto é 5. Qual é o dividendo?

O dividendo é _____.

4 Alexandre comprou chaveiros de 9 reais cada um. Gastou ao todo 126 reais. Quantos chaveiros ele comprou?

Alexandre comprou _____ chaveiros.

Unidade 5 — Divisão

5 Cleide comprou 15 dúzias de botões para fazer as camisas que vende em sua loja.

   a) Quantas camisas poderão ser feitas se Cleide usa 11 botões em cada uma? _____

   b) Quantos botões sobrarão? _____

6 Calcule o valor do termo desconhecido em cada caso.

   a) ☐ ÷ 72 = 25

   b) 5 670 ÷ ☐ = 135

7 Resolva as expressões numéricas a seguir.

a) 15 + 2 × 10 − 8 =	c) 100 + 100 ÷ 10 − 10 × 10 + 1 000 ÷ 10 =
b) 20 − 40 ÷ 2 + 6 =	d) 300 − 200 ÷ 20 + 5 − 4 =

Desafio

O dobro de um número menos 4 é igual a 32.

Qual é esse número?

Esse número é _____ .

Unidade 5 — Divisão

Tarefa 31

1 O quíntuplo de um número é 720. Qual é esse número?

Esse número é _____.

2 Sílvio comprou 8 bermudas iguais por R$ 232,00.
Quanto custarão 100 dessas bermudas?

Cem bermudas custarão _____ reais.

3 Resolva as expressões numéricas a seguir.

a) $70 - 50 \div 5 + 5 =$

b) $8 \times 6 \div 2 + 20 \div 4 =$

4 Calcule o valor do termo desconhecido em cada caso.

a) $7 \times \square = 35$ _____

b) $\square \div 17 = 25$ _____

c) $180 \div \square = 12$ _____

d) $\square \times 12 = 312$ _____

sessenta e cinco 65

Unidade 5 — Divisão

5 A professora do 4º ano B ganhou 600 livros de leitura. Desse total, ela doou 56 livros para a biblioteca da escola. O restante ela distribuiu igualmente entre os 32 alunos de sua turma. Quantos livros recebeu cada aluno?

Cada aluno recebeu _____ livros.

6 Considerando os números 22, 40, 36, 13, 63, 35, 70 e 84, responda às questões.

a) Quais deles são divisíveis por 2? _____

b) Quais são divisíveis por 3? E divisíveis por 9? _____

Desafio

Mário e Isabela resolveram, cada um, uma expressão numérica. Observe, depois, responda às questões.

Mário	Isabela
$8 \div 4 \times 2 + 5 - 1 \times 2 =$	$2 \times (12 - 4 \div 2 \times 3) \div 3 =$
$= 2 \times 2 + 5 - 1 \times 2 =$	$= 2 \times (8 \div 2 \times 3) \div 3 =$
$= 4 + 5 - 1 \times 2 =$	$= 2 \times (4 \times 3) \div 3 =$
$= 9 - 1 \times 2 =$	$= 2 \times 12 \div 3 =$
$= 8 \times 2 = 16$	$= 24 \div 3 = 8$

a) Sabendo que eles cometeram um engano, o que cada um deles errou?

_____

_____

_____

b) Qual é o valor correto de cada uma das expressões?

Unidade 6 — Figuras geométricas planas

Tarefa 32

1 Identifique os segmentos de reta desenhados em cada caso.

a) _____

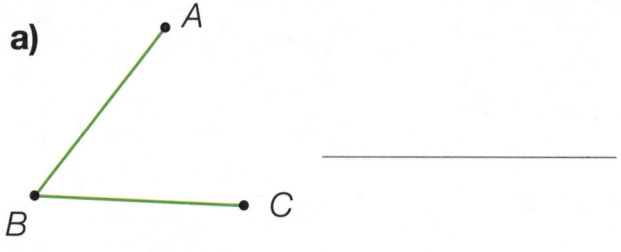

b) _____

c) _____

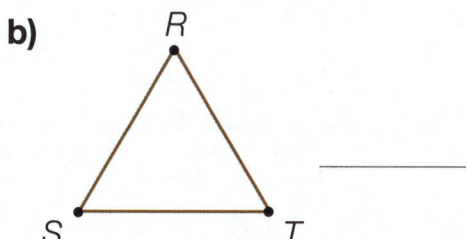

d) _____

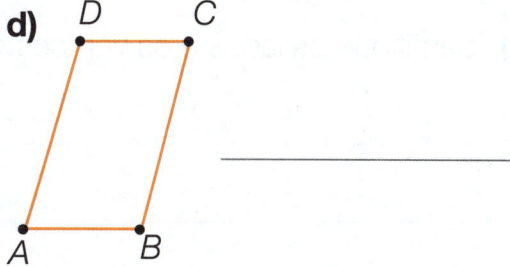

2 Desenhe o que se pede em cada item.

a) Duas retas concorrentes.

b) Duas retas paralelas.

3 Ligue os pontos, usando segmentos de reta. Depois, pinte a região interna das figuras e escreva o nome do polígono formado.

a) _____

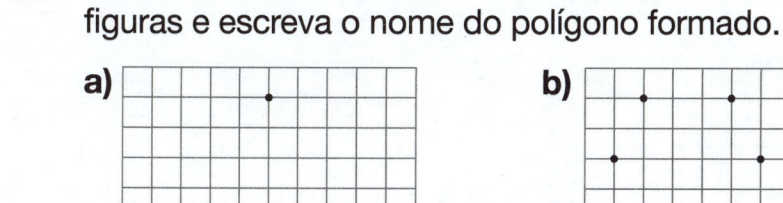

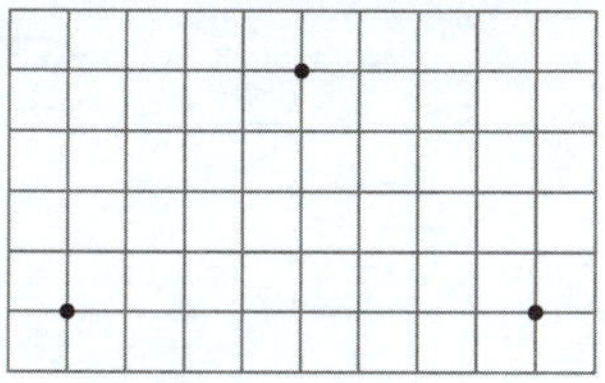

b) _____

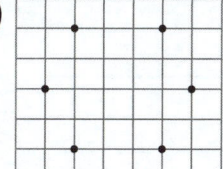

c) _____

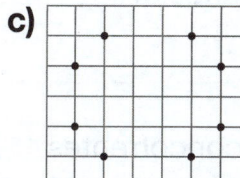

Unidade 6 — Figuras geométricas planas

4 Trace o que se pede em cada caso.

a) 3 retas concorrentes que passam pelo ponto A.

· A

b) 3 retas paralelas, distantes 1 cm umas das outras.

5 Faça o que se pede.

a) Identifique os lados e os vértices do polígono.

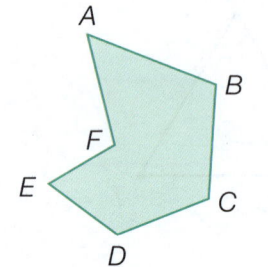

_____

_____

_____

b) Desenhe outro polígono com a mesma quantidade de vértices.

Desafio

Faça um desenho da rua onde você mora, colocando a rua paralela mais próxima e as ruas concorrentes laterais.

Dê o nome de todas elas.

Rua onde você mora: _____

_____

Rua paralela: _____

_____

Ruas concorrentes: _____

_____

Unidade 6 — Figuras geométricas planas

Tarefa 33

1 Identifique a reta, a semirreta e o segmento de reta.

a) C D _____

b) A B _____

c) M N _____

2 Indique os pontos que pertencem e os que não pertencem à reta s.

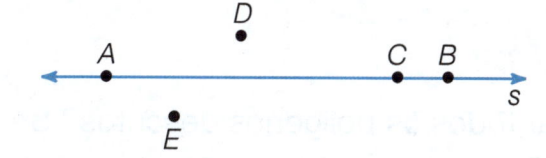

_____

3 Complete.

a) A unidade empregada para medir ângulo é o _____.

b) Um ângulo que tem 90° é chamado de _____.

c) Um ângulo de medida menor que 90° é chamado de _____.

d) Um ângulo de medida maior que 90° é chamado de _____.

4 Dê o nome dos polígonos de:

a) 3 lados ▶ _____

b) 4 lados ▶ _____

c) 5 lados ▶ _____

d) 6 lados ▶ _____

e) 8 lados ▶ _____

f) 10 lados ▶ _____

Unidade 6 Figuras geométricas planas

5 Desenhe os polígonos descritos nos itens abaixo. Para isso, utilize uma régua e o esquadro de papel.

a) Tem 4 ângulos, sendo que 1 é reto.

c) Tem 3 ângulos, sendo 2 obtusos.

b) Tem 3 ângulos, todos agudos.

d) Tem 4 ângulos, sendo 2 retos.

▶ Foi possível desenhar todos os polígonos descritos? Se não, quais você não conseguiu?

_____

Desafio

Prolongue os lados do quadrilátero abaixo para que representem retas. Em seguida, analise o novo desenho e responda às questões.

a) As retas $\overleftrightarrow{BC}$ e $\overleftrightarrow{AD}$ são paralelas ou concorrentes? _____

b) As retas $\overleftrightarrow{AB}$ e $\overleftrightarrow{CD}$ são paralelas ou concorrentes?

_____

c) O lado AB é paralelo ao lado CD? Justifique.

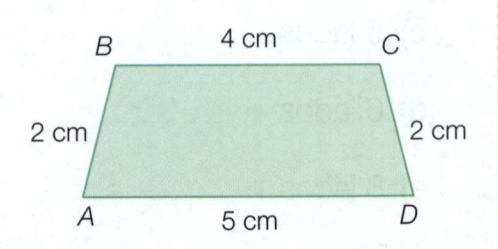

_____

_____

_____

B — 4 cm — C
2 cm / 2 cm
A — 5 cm — D

setenta

Unidade 6 — Figuras geométricas planas

Tarefa 34

1 Marque com um **X** os polígonos.

a) 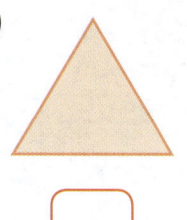 ☐   b) ☐   c) 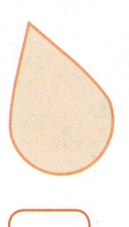 ☐   d) 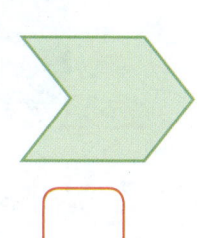 ☐

2 Complete.

a) Triângulo é uma figura que tem _____ lados e _____ vértices.

b) Quadriláteros são polígonos que têm _____ lados e _____ vértices.

c) Quadrado, retângulo, losango e trapézio são exemplos de _____.

3 Dê o nome destes quadriláteros.

a) 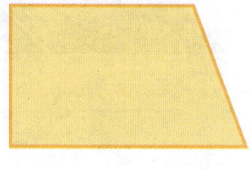 _____   b)  _____   c) _____

4 Observe o esquema das ruas a seguir e escreva o que se pede.

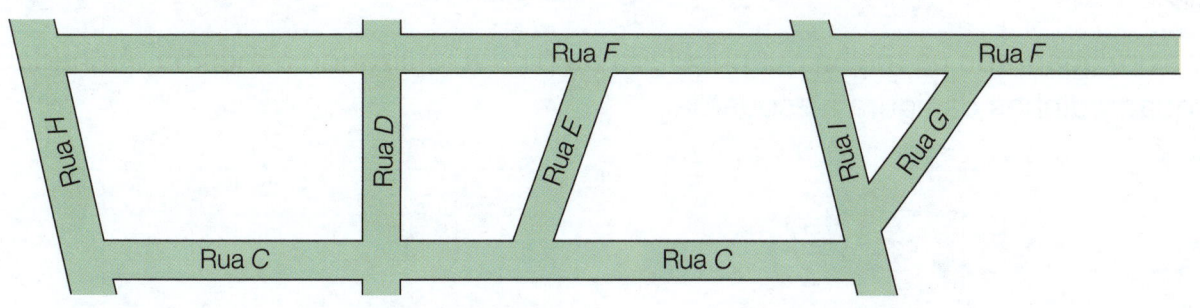

a) O nome de duas ruas paralelas. _____

b) O nome das ruas perpendiculares. _____

Unidade 6 — Figuras geométricas planas

5 Indique os vértices e os lados dos polígonos abaixo.

a) A B D C

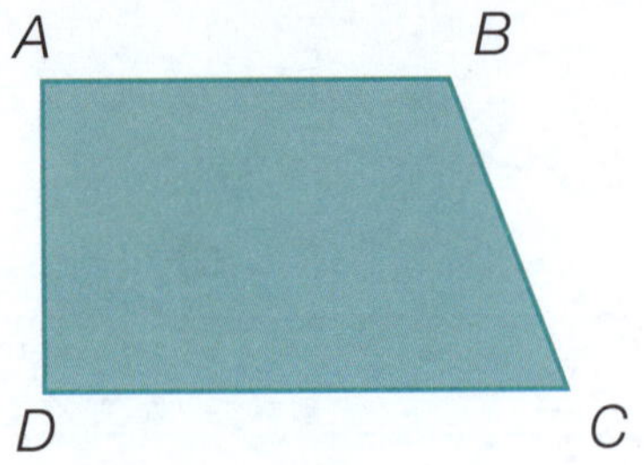

Vértices ▶ _____

Lados ▶ _____

b) R S U T

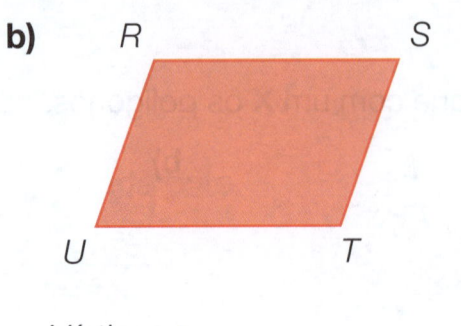

Vértices ▶ _____

Lados ▶ _____

6 Utilize os pontos A, C e E, já assinalados, e trace segmentos de reta com as medidas indicadas a seguir.

AB = 1 cm   CD = 4 cm   EF = 7 cm

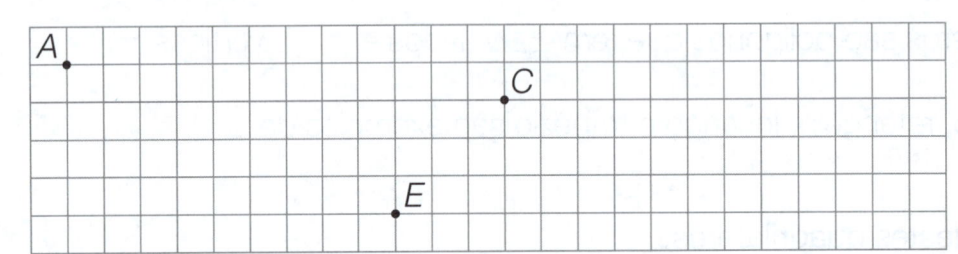

7 Quantos triângulos e quadriláteros há na figura ao lado?

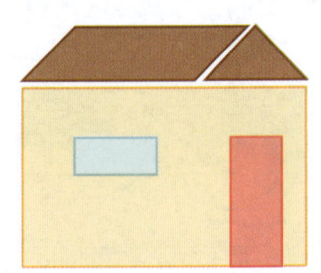

_____

_____

Desafio

Pinte um quadrado na malha quadriculada da direita, utilizando a mesma quantidade de quadradinhos da figura à esquerda.

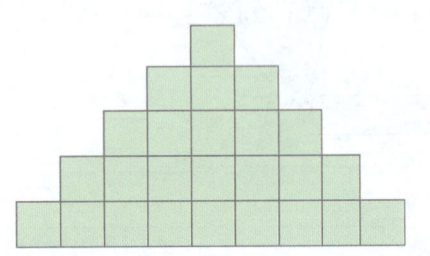

72 setenta e dois

Unidade 7 — Medidas de tempo

Tarefa 35

1 Determine quantos minutos há em:

a) 3 h 50 min = _____ min

b) 6 h 15 min = _____ min

2 Determine quantos segundos há em:

a) 5 h = _____ s

b) $\frac{1}{5}$ de hora = _____ s

c) 3 h e 30 min = _____ s

d) 2 h e 15 min = _____ s

3 Determine quantas horas há em:

a) 3 dias = _____ h

b) 5 dias e 6 horas = _____ h

c) 6 dias e meio = _____ h

d) $\frac{7}{12}$ do dia = _____ h

4 Considerando o mês comercial, que tem 30 dias, determine quantos dias há em:

a) 96 horas = _____ dias

b) 9 semanas = _____ dias

c) 5 meses = _____ dias

d) 2 semestres = _____ dias

Unidade 7 — Medidas de tempo

5 Isabela saiu de casa às 9 h 25 min e passeou durante 3 horas e 40 minutos. A que horas ela chegou desse passeio?

Isabela chegou às _____ h _____ min.

6 Considerando o ano comercial, que tem 360 dias, determine quantos anos há em:

a) 1 080 dias = _____

b) 6 decênios = _____

c) 5 décadas = _____

d) 2 lustros = _____

e) 4 quinquênios = _____

f) 36 meses = _____

7 Cristiano comprou um apartamento em 50 prestações mensais. Quantos anos e quantos meses ele levará para pagar esse imóvel?

Cristiano levará _____ para pagar esse imóvel.

8 Cândido estuda 5 horas e 30 minutos por dia. Quantas horas ele estuda por semana?

Cândido estuda _____ por semana.

Desafio

São 13 horas no Rio de Janeiro. Na cidade de Berlim (Alemanha), são 18 horas. Quando no Rio de Janeiro for 18 horas, que horas serão em Berlim?

Serão _____ horas em Berlim.

Unidade 8 — Números na forma de fração

Tarefa 36

1 Pinte as partes das figuras a seguir de acordo com as frações indicadas.

a) $\dfrac{3}{10}$

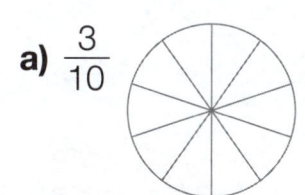

b) $\dfrac{4}{7}$

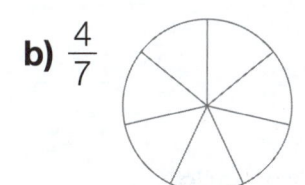

c) $\dfrac{3}{4}$

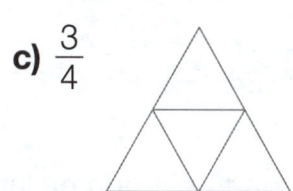

2 Observe as figuras e escreva uma fração correspondente à parte pintada de verde em cada figura.

a)

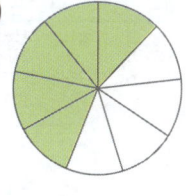

b)

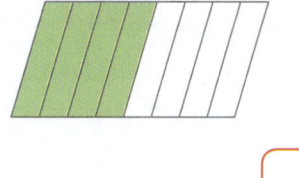

c)

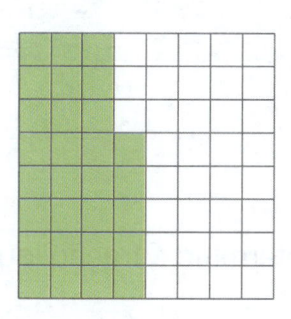

3 Responda às questões.

a) João dividiu uma laranja em quatro partes iguais. Que fração representa cada uma dessas partes? _____

b) João comeu três dessas partes. Que fração representa a parte que João comeu? _____

4 Escreva a fração correspondente à parte pintada de azul de cada figura a seguir.

a)

b)

c)

d)

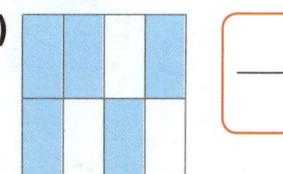

e)

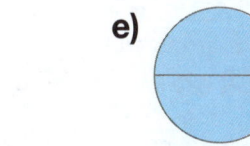

f)

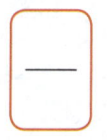

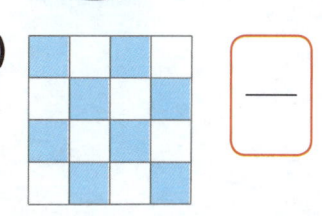

setenta e cinco 75

Unidade 8 — Números na forma de fração

5 Escreva por extenso estas frações:

a) $\dfrac{5}{6}$ ▶ _____

b) $\dfrac{15}{10}$ ▶ _____

c) $\dfrac{4}{1\,000}$ ▶ _____

d) $\dfrac{17}{24}$ ▶ _____

6 A parte pintada de laranja da figura pode ser representada pela fração $\dfrac{2}{3}$? Justifique sua resposta.

_____

_____

7 Determine a fração igual a um inteiro que tem o denominador 4. _____

Desafio

Bruno está brincando com dois dados. Ele lança os dados e adiciona os resultados obtidos. Qual a probabilidade de ele obter a soma 7?

_____

Unidade 8 — Números na forma de fração

Tarefa 37

1 Identifique com a letra **P** as frações próprias e com a letra **I** as frações impróprias.

a) $\dfrac{2}{4}$ ☐   c) $\dfrac{9}{6}$ ☐   e) $\dfrac{6}{14}$ ☐   g) $\dfrac{9}{8}$ ☐

b) $\dfrac{3}{9}$ ☐   d) $\dfrac{7}{4}$ ☐   f) $\dfrac{7}{14}$ ☐   h) $\dfrac{15}{11}$ ☐

2 Considerando as frações $\dfrac{1}{9}$, $\dfrac{5}{10}$, $\dfrac{7}{3}$, $\dfrac{6}{6}$, $\dfrac{3}{9}$, $\dfrac{10}{3}$, $\dfrac{4}{4}$ e $\dfrac{19}{4}$, responda.

a) Quais dessas frações são próprias? _____

b) Quais frações são iguais a 1? _____

c) Quais delas são impróprias? _____

3 Represente com desenhos as frações a seguir.

a) $\dfrac{2}{7}$

c) $\dfrac{3}{2}$

b) $\dfrac{7}{7}$

d) $\dfrac{11}{3}$

Unidade 8 — Números na forma de fração

4 Usando os sinais > ou <, complete.

a) $\dfrac{3}{7}$ ____ $\dfrac{1}{7}$
b) $\dfrac{4}{11}$ ____ $\dfrac{7}{11}$
c) $\dfrac{15}{3}$ ____ $\dfrac{15}{9}$

5 Utilizando o sinal <, escreva em ordem crescente as frações a seguir.

a) $\dfrac{2}{7}, \dfrac{1}{7}, \dfrac{9}{7}$
b) $\dfrac{8}{3}, \dfrac{8}{7}, \dfrac{8}{5}, \dfrac{8}{4}$
c) $\dfrac{3}{9}, \dfrac{8}{9}, \dfrac{6}{9}$

6 Escreva quatro frações equivalentes a:

a) $\dfrac{1}{6} = \dfrac{\ \ }{\ \ } = \dfrac{\ \ }{\ \ } = \dfrac{\ \ }{\ \ } = \dfrac{\ \ }{\ \ }$

b) $\dfrac{9}{5} = \dfrac{\ \ }{\ \ } = \dfrac{\ \ }{\ \ } = \dfrac{\ \ }{\ \ } = \dfrac{\ \ }{\ \ }$

7 Complete os termos desconhecidos, obtendo frações equivalentes.

a) $\dfrac{5}{6} = \dfrac{\square}{36}$
c) $\dfrac{4}{3} = \dfrac{16}{\square}$
e) $\dfrac{8}{9} = \dfrac{32}{\square}$

b) $\dfrac{1}{2} = \dfrac{32}{\square}$
d) $\dfrac{20}{35} = \dfrac{4}{\square}$
f) $\dfrac{20}{60} = \dfrac{1}{\square}$

Desafio

Qual é a fração equivalente a $\dfrac{6}{7}$ cujo numerador é 30?

A fração equivalente a _____ com numerador 30 é _____.

setenta e oito

Unidade 8 — Números na forma de fração

Tarefa 38

1 Efetue as adições.

a) $\dfrac{7}{10} + \dfrac{1}{10} = \boxed{}$

b) $\dfrac{8}{5} + \dfrac{3}{5} + \dfrac{1}{5} = \boxed{}$

c) $\dfrac{8}{10} + \dfrac{3}{10} = \boxed{}$

d) $\dfrac{8}{17} + \dfrac{4}{17} + \dfrac{5}{17} = \boxed{}$

2 Efetue as subtrações abaixo.

a) $\dfrac{8}{15} - \dfrac{7}{15} = \boxed{}$

b) $\dfrac{7}{9} - \dfrac{2}{9} = \boxed{}$

c) $\dfrac{15}{15} - \dfrac{1}{15} = \boxed{}$

d) $\dfrac{8}{11} - \dfrac{3}{11} = \boxed{}$

3 Observe, ao lado, o cartão de bingo de Mário. Que fração do total de números representa os números já marcados por ele?

15	17	18	28	36
43	48	51	55	60
74	78	81	85	90	94

A fração que representa os números já marcados é _____.

4 Que fração devemos adicionar a $\dfrac{3}{5}$ para obter 1 unidade?

Devemos adicionar _____ para obter 1 unidade.

5 Lígia comeu $\dfrac{3}{7}$ de uma torta de frango no almoço. Que fração da torta sobrou?

Sobraram _____ da torta.

Unidade 8 — Números na forma de fração

6 Efetue as multiplicações.

a) $\dfrac{2}{3} \times \dfrac{1}{4} = $ ___

b) $\dfrac{3}{5} \times \dfrac{2}{9} = $ ___

c) $\dfrac{7}{2} \times \dfrac{4}{5} = $ ___

d) $\dfrac{3}{8} \times \dfrac{2}{7} = $ ___

e) $60 \times \dfrac{5}{6} = $ ___

f) $\dfrac{2}{15} \times 90 = $ ___

7 Calcule as quantidades em cada caso.

a) $\dfrac{4}{7}$ de 21 borrachas

b) $\dfrac{3}{5}$ de 60 quilogramas

c) $\dfrac{1}{9}$ de 18 lápis

d) $\dfrac{4}{9}$ de 27 salas

Desafio

Observe a figura.

Uma parte da tira verde cabe 2 vezes na tira vermelha. Então, podemos dizer que 1 parte da tira verde é igual a $\dfrac{1}{2}$ da tira vermelha.

Agora, responda às questões.

a) Uma parte da tira amarela corresponde a que fração da tira vermelha? E uma parte da tira rosa? _____

b) Quantas partes da tira laranja representam uma parte da tira azul? _____

c) Quantas partes da tira laranja cabem na tira vermelha? A que fração da tira vermelha correspondem três partes da tira laranja? _____

Unidade 8 — Números na forma de fração

Tarefa 39

1. Paulo ganhou 12 coelhos. Deu $\frac{1}{3}$ deles ao irmão.

   Com quantos coelhos Paulo ficou?

   Paulo ficou com _____ coelhos.

2. Um auditório tem capacidade para 600 pessoas. Foi realizada uma palestra em que os participantes ocuparam $\frac{4}{5}$ desse auditório. Calcule o número de participantes da palestra.

   Participaram da palestra _____ pessoas.

3. Uma equipe de basquete marcou 72 pontos em uma partida. O cestinha do time marcou $\frac{5}{8}$ desses pontos. Quantos pontos ele marcou?

   O cestinha do time marcou _____ pontos.

4. No tanque de um automóvel cabem 63 litros de combustível. Em uma viagem, foram consumidos $\frac{2}{3}$ desse combustível.

   Quantos litros foram consumidos nessa viagem?

   Nessa viagem, foram consumidos _____ litros.

oitenta e um

Unidade 8 — Números na forma de fração

5 Milton comprou 48 litros de tinta para pintar o quarto, a sala e a cozinha. Gastou $\frac{1}{3}$ da tinta na sala, $\frac{3}{8}$ no quarto e o restante na cozinha. Quantos litros de tinta foram utilizados na sala? E no quarto? E na cozinha?

Foram utilizados _____ litros de tinta na sala, _____ litros no quarto e _____ litros na cozinha.

6 Sérgio vendeu $\frac{2}{3}$ do etanol que tinha em seu posto, ficando com 2 500 litros. Quanto havia de etanol no posto antes de Sérgio efetuar a venda?

Havia _____ litros de etanol.

Desafio

Na sala de Iaci, há 30 alunos, sendo 14 meninas e 16 meninos.

A professora sorteará 2 alunos para apresentar um trabalho.

a) Qual é a probabilidade de o primeiro aluno sorteado ser um menino?

_____

b) Qual é a probabilidade de o primeiro aluno sorteado ser uma menina?

_____

c) Se a professora já sorteou uma menina, qual é a probabilidade de que o próximo aluno a ser sorteado seja um menino? E qual a probabilidade de ser uma menina?

_____

82 oitenta e dois

Unidade 8 — Números na forma de fração

Tarefa 40

1 Observe as figuras e escreva a fração correspondente à parte pintada de laranja. Depois, resolva a adição.

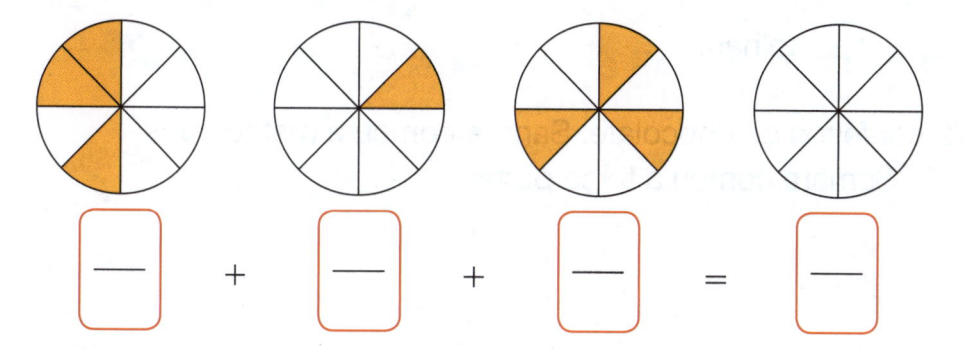

$\dfrac{3}{8} + \dfrac{2}{8} + \dfrac{3}{8} = \dfrac{8}{8}$

2 Uma piscina está com $\dfrac{3}{5}$ de água.

Que fração da piscina falta encher?

Falta encher _____ da piscina.

3 Fábio leu $\dfrac{2}{8}$ de um livro. Michel leu $\dfrac{5}{8}$ do mesmo livro.

Quem leu mais páginas desse livro?

_____ leu mais páginas desse livro.

4 Sabendo que Ana já fez $\dfrac{3}{7}$ de um trabalho, responda.

a) Que fração representa o trabalho todo? _____

b) Que fração do trabalho falta realizar? _____

Unidade 8 — Números na forma de fração

5 Uma resma de papel tem 500 folhas. Paula entregou no colégio $\frac{7}{20}$ de uma resma e ficou com o restante. Com quantas folhas Paula ficou?

Paula ficou com _____ folhas.

6 Um saquinho tem 72 confeitos de chocolate. Sandra comeu a metade dos confeitos do saquinho. Samara comeu a terça parte.

a) Quantos confeitos Sandra comeu? E Samara? _____

b) Quantos confeitos sobraram? _____

7 Em um concurso público participaram 1 600 candidatos. Destes, $\frac{1}{8}$ foi aprovado, $\frac{3}{4}$ foram reprovados, e o restante não compareceu. Quantos candidatos faltaram ao concurso?

Faltaram ao concurso _____ candidatos.

Desafio

Desenhe uma reta numérica no espaço abaixo e represente o número $\frac{3}{4}$.

▶ Em quantas partes devemos dividir 1 unidade da reta numérica para representar a fração $\frac{1}{20}$? _____

Unidade 9 — Números na forma decimal

Tarefa 41

1 Escreva por extenso as frações decimais a seguir.

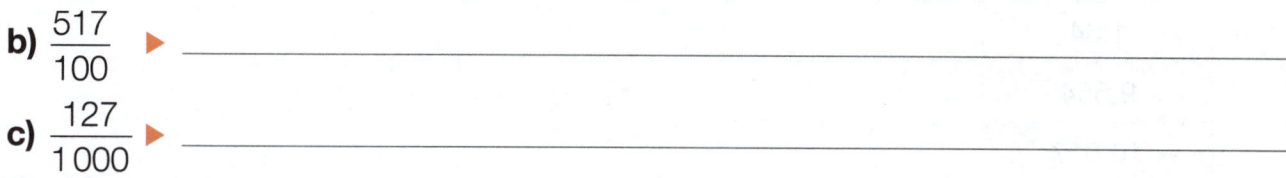

a) $\dfrac{6}{10}$ ▶ _____

b) $\dfrac{517}{100}$ ▶ _____

c) $\dfrac{127}{1\,000}$ ▶ _____

2 Escreva os números na forma decimal correspondentes à parte pintada de lilás nas figuras a seguir.

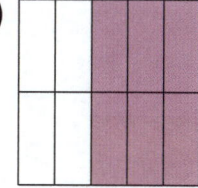

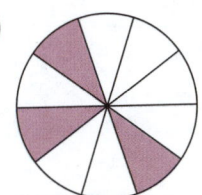

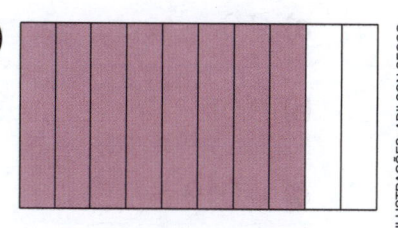

a) _____   b) _____   c) _____

3 Represente com algarismos os números decimais abaixo.

a) treze centésimos ▶ _____

b) cinco inteiros e sete décimos ▶ _____

c) dezoito milésimos ▶ _____

d) trinta inteiros e sessenta e dois centésimos ▶ _____

e) dez inteiros e onze milésimos ▶ _____

4 Escreva a representação decimal destas frações.

a) $\dfrac{27}{100} =$ _____

b) $\dfrac{197}{100} =$ _____

c) $\dfrac{1\,854}{100} =$ _____

d) $\dfrac{271}{1\,000} =$ _____

oitenta e cinco

Unidade 9 — Números na forma decimal

5 Complete o quadro conforme exemplo.

Forma decimal \ Ordem	Inteiros	Décimos	Centésimos	Milésimos
7,13	7,	1	3	0
0,457				
8,4				
1,34				
9,654				
10,017				

6 Escreva por extenso os números na forma decimal abaixo.

a) 0,6 ▶ _____

b) 0,07 ▶ _____

c) 0,019 ▶ _____

d) 0,165 ▶ _____

7 Complete com os sinais = ou ≠.

a) 0,05 _____ 0,50   c) 0,7 _____ 0,700   e) 0,35 _____ 0,035

b) 1,2 _____ 1,20   d) 0,07 _____ 0,070   f) 0,54 _____ 0,540

Desafio

Quantos centésimos existem em 6 décimos?

$$\frac{6}{10} = \frac{\Box}{100}$$

Existem _____ centésimos em 6 décimos.

86 oitenta e seis

Unidade 9 — Números na forma decimal

Tarefa 42

1 Usando o sinal <, coloque em ordem crescente os números:
0,36; 0,359; 0,4; e 0,03.

_____

2 Complete com os sinais >, < ou =.

a) $\dfrac{16}{10}$ _____ 1,6

b) $\dfrac{4}{5}$ _____ 1

c) $\dfrac{7}{100}$ _____ 0,007

3 Cada figura foi dividida em 100 partes iguais. Escreva o número na forma de fração e na forma decimal correspondente às partes pintadas de laranja.

a) 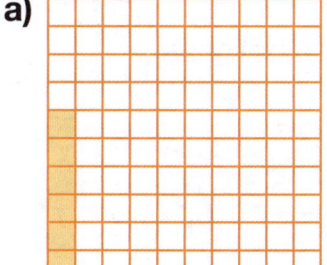
▶ forma de fração: _____
▶ forma decimal: _____

b) 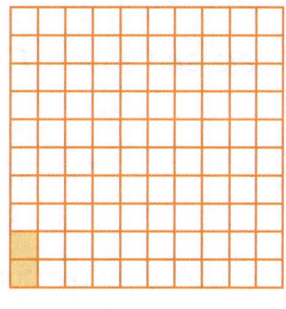
▶ forma de fração: _____
▶ forma decimal: _____

c) 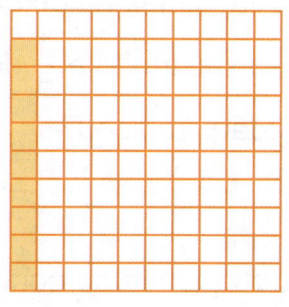
▶ forma de fração: _____
▶ forma decimal: _____

4 Represente com algarismos os números na forma decimal.

a) vinte e nove centésimos ▶ _____

b) seis inteiros e quinze milésimos ▶ _____

c) trinta e cinco inteiros e sete centésimos ▶ _____

d) treze milésimos ▶ _____

Unidade 9 — Números na forma decimal

5 Responda às questões.

a) A quantas unidades correspondem 50 décimos?

Correspondem a _____ unidades.

b) Qual é a fração decimal que representa o número 0,02?

A fração decimal é _____.

c) A quantos décimos corresponde a fração $\frac{1}{2}$?

A fração $\frac{1}{2}$ corresponde a _____ décimos.

6 Joaquim tinha 36 bolinhas de gude em sua coleção. Ele deu $\frac{1}{2}$ da sua coleção ao seu irmão e $\frac{1}{6}$ do restante para seu amigo. Com quantas bolinhas Joaquim ficou?

Joaquim ficou com _____ bolinhas de gude.

Desafio

Forme pares, utilizando uma letra e um número, para indicar o quadradinho onde está localizada cada uma das cidades no mapa. Observe o exemplo.

Curitiba: (D, 4)

a) Florianópolis ▶ _____

b) Porto Alegre ▶ _____

c) São Paulo ▶ _____

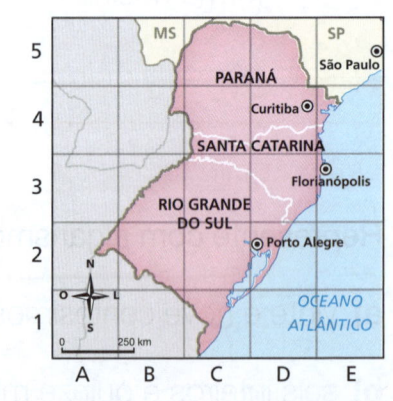

Fonte: Graça M. L. Ferreira. *Atlas geográfico*: espaço mundial. 3. ed. São Paulo: Moderna, 2010, p. 119.

Unidade 9 — Números na forma decimal

Tarefa 43

1 Efetue as operações.

a) 5,4 + 0,6 + 3 = _____

c) 2 + 0,4 + 1,08 = _____

b) 3 − 2,895 = _____

d) 6,54 − 2,946 = _____

2 Efetue as multiplicações a seguir.

a) 360 × 8,2 = _____

b) 1,2 × 1,4 = _____

c) 16 × 0,35 = _____

3 Calcule os quocientes exatos abaixo.

a) 25 ÷ 8 = _____

b) 45 ÷ 36 = _____

c) 81 ÷ 12 = _____

oitenta e nove

Unidade 9 — Números na forma decimal

4 Cristina já pintou 0,76 de uma tela. Quanto ainda falta pintar?

Ainda falta pintar _____ da tela.

5 Em uma sala de aula, há 40 alunos. Sabendo que 0,6 desses alunos são meninos, quantas são as meninas?

Nessa sala de aula, há _____ meninas.

6 Na última eleição do grêmio, votaram 150 alunos. Paula recebeu 0,7 desses votos. Quantos votos ela recebeu?

Paula recebeu _____ votos.

Desafio

Em um aquário, 0,3 dos peixinhos são vermelhos. Qual é o total de peixinhos desse aquário, se 12 deles são vermelhos?

O total de peixinhos desse aquário é _____.

90 noventa

Unidade 9 — Números na forma decimal

Tarefa 44

1 Efetue as multiplicações.

a) 8,546 × 100 = _____   b) 15,4 × 100 = _____   c) 0,73 × 1 000 = _____

2 Efetue as divisões.

a) 46,5 ÷ 100 = _____   b) 15,4 ÷ 100 = _____   c) 0,6 ÷ 100 = _____

3 Efetue as divisões abaixo.

a) 90 ÷ 60 = _____

b) 20,8 ÷ 4 = _____

c) 38,5 ÷ 5 = _____

d) 7,5 ÷ 4 = _____

e) 3,51 ÷ 3 = _____

f) 59,28 ÷ 13 = _____

Unidade 9 — Números na forma decimal

4 Uma cooperativa recolheu 80 quilogramas de material reciclável, entre latas e papelão. Desse total, 37,25 quilogramas foram de papelão. Qual é a massa correspondente às latas?

A massa correspondente às latas é _____ quilogramas.

5 Mário tomou 0,4 litro de leite, e Iaci, 0,3. Quantos litros de leite eles tomaram juntos?

Juntos, eles tomaram _____ litro de leite.

6 Na banca de revistas, Júlia comprou: um álbum de figurinhas que custou R$ 1,50, um pacote de figurinhas por R$ 0,25, uma revista de história em quadrinhos por R$ 2,50 e uma revista sobre tecnologia por R$ 4,25.

a) Quanto Júlia gastou?

Júlia gastou _____.

b) Se pagar com uma cédula de R$ 50,00, quanto Júlia receberá de troco?

Júlia receberá _____ de troco.

Desafio

A quantas unidades correspondem 200 décimos?

Correspondem a _____ unidades.

Unidade 9 — Números na forma decimal

Tarefa 45

1 Raul trabalha em um supermercado. A nota abaixo mostra a compra de um cliente. Complete-a com o valor total da compra. Depois, usando uma calculadora, preencha o quadro com o valor de cada produto.

NOTA DE COMPRA

QUANTIDADE	PRODUTO	VALOR
2 kg	Açúcar	R$ 4,40
3 latas	Leite em pó	R$ 40,50
5 unidades	Sabonete	R$ 6,00
2 unidades	Creme dental	R$ 3,00
3 unidades	Sabão em pó	R$ 14,70
	VALOR TOTAL	

Produto	Valor unitário
Açúcar (kg)	
Leite em pó (lata)	
Sabonete (unidade)	
Creme dental (unidade)	
Sabão em pó (unidade)	

2 Pesquise, em jornais ou revistas, os preços dos seguintes produtos:

a) R$ _____

b) R$ _____

c) R$ _____

noventa e três

Unidade 9 — Números na forma decimal

3 Luciano comprou um aparelho de som por R$ 625,70. Pagou com 7 cédulas de R$ 100,00. Quanto recebeu de troco?

Recebeu _____ de troco.

4 Roberval fez uma compra de R$ 5 998,00 e pagou com cartão de crédito em 6 parcelas de R$ 1 050,00. Qual foi o acréscimo, em reais, efetuado pela operadora do cartão de crédito no valor dessa compra?

O acréscimo no valor dessa compra foi de _____.

5 Em uma fila de aposentados, 4 pessoas receberam aposentadorias de R$ 1 295,00. Qual foi o total pago pelo caixa a essas pessoas?

O total pago pelo caixa a essas pessoas foi _____.

Desafio

Robson precisava pagar uma conta de R$ 10 000,00.
Para isso, deu os 2 cheques abaixo e uma parte em dinheiro.

Cheque 1: R$ 4 950,00 — Quatro mil, novecentos e cinquenta reais — São Paulo, 20 de outubro de 19 — Robson Araujo da Silva

Cheque 2: R$ 3 890,00 — Três mil, oitocentos e noventa reais — São Paulo, 20 de novembro de 19 — Robson Araujo da Silva

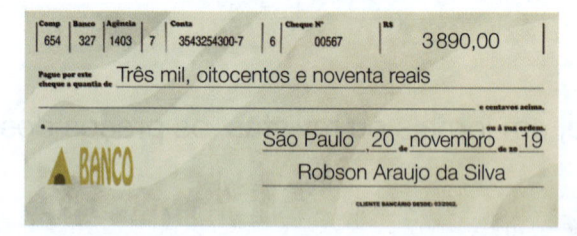

Observe os cheques novamente e calcule quanto Robson pagou em dinheiro.

Robson pagou _____ em dinheiro.

Unidade 9 — Números na forma decimal

Tarefa 46

1 A figura ao lado é formada por 1 000 cubinhos iguais: cinquenta e seis deles são vermelhos e os demais, brancos. Represente, na forma de fração e na forma decimal, a parte vermelha e a parte branca da figura.

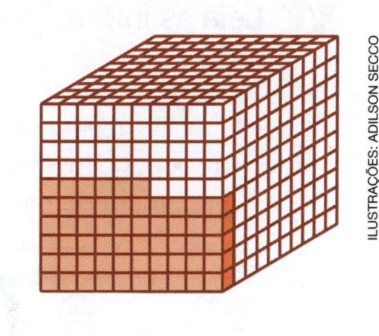

_____

_____

2 O quadriculado ao lado representa o inteiro e está dividido em 100 partes iguais. Represente a parte pintada com cada uma das cores na forma de fração e na forma decimal.

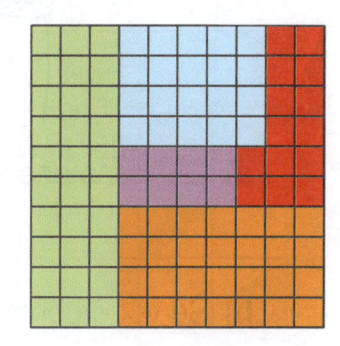

▶ Depois, escreva como se lê cada um desses números.

_____

_____

_____

3 Observe o preço do robô que Bruno está olhando na vitrine da loja.

Este robô custa oitenta reais e quarenta centavos.

R$ 80,40

▶ Escreva como se lê:

a) R$ 1,25: _____

b) R$ 42,03: _____

c) R$ 110,35: _____

noventa e cinco **95**

Unidade 9 — Números na forma decimal

4 Leia as informações e, depois, responda às questões.

- Comprei um quilograma e meio de carne.
- Comprei 1500 g de carne.
- Comprei 1 quilograma e 500 milésimos de quilograma de carne.
- Comprei 1,5 quilograma de carne.

a) Qual das pessoas comprou mais carne?

_____

b) Se você comprasse 2,8 kg de peixe, essa compra corresponderia a quantos gramas de peixe? _____

5 Descubra o erro no cálculo feito por Bruno e refaça o cálculo corretamente.

Cálculo errado de Bruno

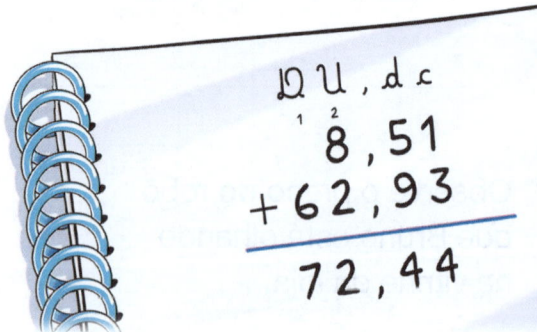

$$\begin{array}{r} D\,U,d\,c \\ {}^{1}{}^{2} \\ 8,51 \\ +\,62,93 \\ \hline 72,44 \end{array}$$

Desafio

Como é possível calcular o resultado de 8,30 − 6,90 usando uma calculadora, mas sem apertar a tecla − ? Converse com os colegas sobre isso.

_____

_____

Unidade 10 — Medidas de comprimento e de superfície

Tarefa 47

1 Escreva por extenso as medidas a seguir.

a) 4,38 m ▶ _____

b) 8,7 cm ▶ _____

c) 12,056 km ▶ _____

2 Efetue as transformações a seguir.

a) 7 km = _____ m

b) 3,4 km = _____ m

c) 4 000 m = _____ km

d) 6 842 m = _____ km

3 Escreva a unidade mais adequada para medir:

a) o comprimento do seu lápis ▶ _____

b) a largura de uma folha de papel ▶ _____

c) o comprimento de um apontador ▶ _____

d) a distância entre duas cidades ▶ _____

e) a espessura de um livro ▶ _____

f) a altura de um prédio ▶ _____

4 Quantos pedaços de 10 cm posso obter com 85 m de fio?

Posso obter _____ pedaços de fio.

Unidade 10 — Medidas de comprimento e de superfície

5 A prefeitura está asfaltando uma avenida de 6,8 km. Na primeira etapa, asfaltou 3 450 m. Quantos quilômetros a prefeitura deverá asfaltar na segunda etapa para concluir o serviço?

Na segunda etapa a prefeitura deverá asfaltar _____ quilômetros.

6 Um rolo de barbante tem 70 m. Retirei 20,5 m para amarrar várias encomendas grandes e utilizei mais 12 pedaços de 86 cm em outros pacotes menores. Quantos metros de barbante sobraram?

Sobraram _____ metros de barbante.

Desafio

Na figura abaixo, vemos um caminhão utilizado em serviços urbanos e um automóvel. O caminhão tem 2,9 m de altura e 6,0 m de comprimento. O automóvel tem 1,41 m de altura e 3,88 m de comprimento. Registre essas medidas nos espaços adequados.

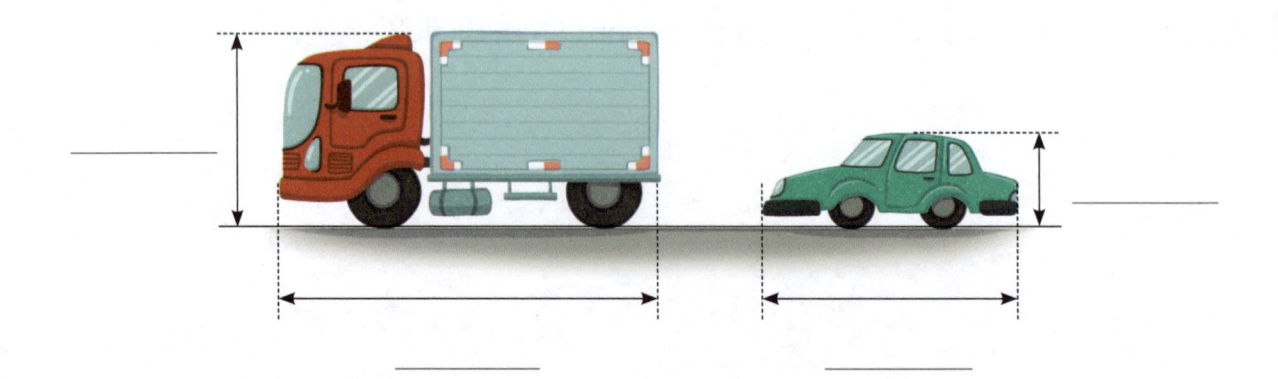

Unidade 10 — Medidas de comprimento e de superfície

Tarefa 48

1 Efetue as transformações abaixo.

a) 7 cm = _____ m

b) 1 800 mm = _____ cm

c) 47 mm = _____ cm

d) 19,4 cm = _____ mm

2 Paula saiu para passear e andou 0,3 km na primeira hora; depois, mais 0,4 km e, finalmente, 550 m. Quantos quilômetros Paula andou ao todo?

Paula andou, ao todo, _____ quilômetro.

3 Uma escada tem 36 m de altura. A distância entre dois degraus consecutivos é de 25 cm. Quantos degraus tem essa escada?

A escada tem _____ degraus.

4 Observe o exemplo e escreva as medidas a seguir na forma reduzida.

> **Exemplo:**
> Treze centímetros ▶ 13 cm

a) Sete milímetros ▶ _____

b) Dez quilômetros e sessenta e oito metros ▶ _____

c) Seis metros e cinquenta centímetros ▶ _____

Unidade 10 — Medidas de comprimento e de superfície

5 Efetue as seguintes transformações.

a) 6 cm = _____ m

b) 80,6 m = _____ cm

c) 5,64 m = _____ cm

d) 3 200 cm = _____ m

6 Um retângulo tem 12 cm de comprimento e 40 cm de perímetro. Qual é a largura desse retângulo?

A largura desse retângulo é _____ centímetros.

7 Em $\frac{1}{4}$ de um rolo de corda há 32 m. Quantos metros há no rolo inteiro?

No rolo inteiro há _____ metros.

Desafio

Determine o perímetro da figura a seguir.

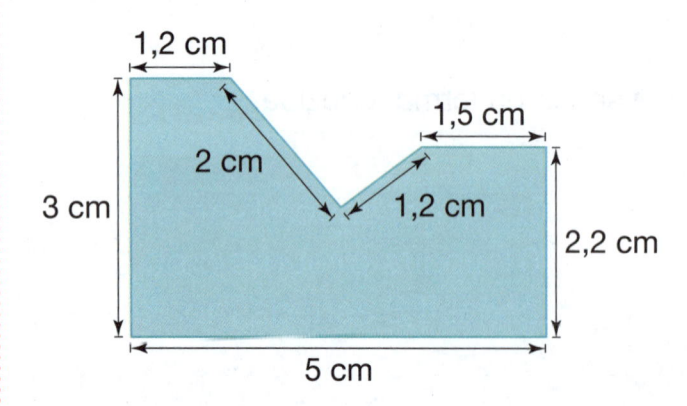

1,2 cm
1,5 cm
2 cm
1,2 cm
3 cm
2,2 cm
5 cm

O perímetro é _____ cm.

Unidade 10 — Medidas de comprimento e de superfície

Tarefa 49

1 Com o auxílio de uma régua, meça os comprimentos dos lados de cada figura. Em seguida, determine o perímetro, em centímetro, de cada uma delas.

a)

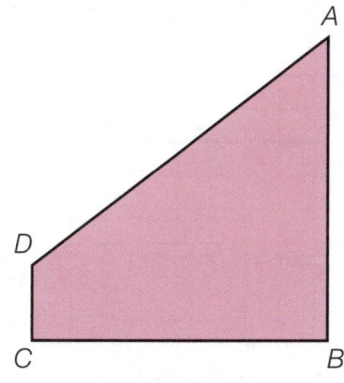

AB: _____   CD: _____

BC: _____   AD: _____

Perímetro: _____

b)

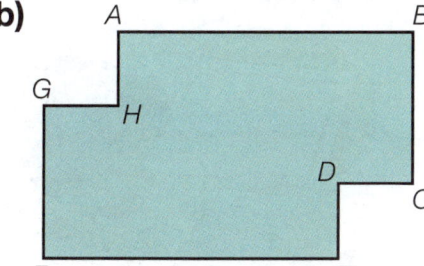

AB: _____   EF: _____

BC: _____   FG: _____

CD: _____   GH: _____

DE: _____   AH: _____

Perímetro: _____

ILUSTRAÇÕES: REINALDO VIGNATI

2 Desenhe uma figura no espaço abaixo e estime o perímetro dela, em centímetro. Em seguida, determine o perímetro aproximado dessa figura usando uma régua e um barbante. Por fim, compare os valores obtidos.

3 Uma sala tem quatro metros e quarenta centímetros de comprimento e quatro metros e quinze centímetros de largura. Qual é diferença, em centímetro, entre essas medidas? _____

cento e um 101

Unidade 10 — Medidas de comprimento e de superfície

4 Na malha quadriculada abaixo, pinte pelo menos 4 figuras cuja área seja igual à da figura dada.

▶ Agora, imagine que você vai utilizar palitos para contornar todas as figuras da malha.
A medida do lado do quadradinho é igual ao comprimento de um palito.

a) Quantos palitos serão necessários para contornar cada quadrilátero?

_____

b) Qual quadrilátero precisa de mais palitos?

_____

c) Pergunte a alguns colegas se eles conseguiram desenhar quadriláteros diferentes dos seus e se o contorno deles foi feito com menos palitos.

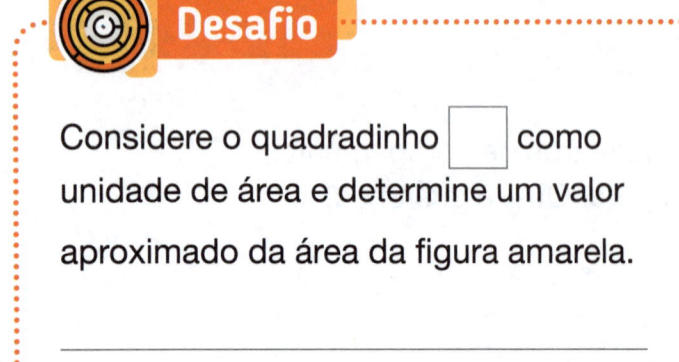

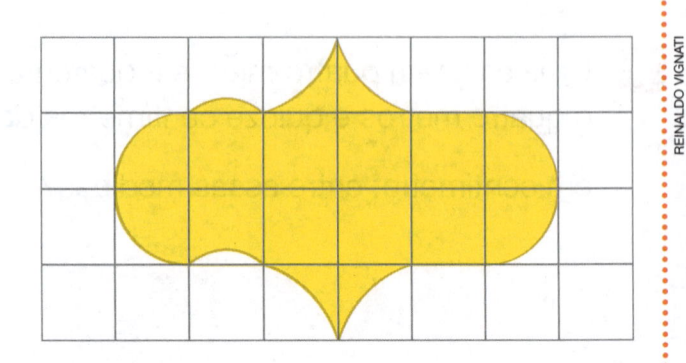

Desafio

Considere o quadradinho ☐ como unidade de área e determine um valor aproximado da área da figura amarela.

_____

102 cento e dois

Unidade 11 — Medidas de massa, de capacidade e de temperatura

Tarefa 50

1 Escreva por extenso as medidas de massa abaixo.

a) 50 g ▶ _____

b) 25 t ▶ _____

c) 43 mg ▶ _____

d) 42 kg ▶ _____

e) 500 g ▶ _____

2 Calcule e complete.

a) 250 g + 350 g = _____ g = _____ kg

b) $\frac{3}{5}$ t − 200 kg = _____ kg = _____ t

c) 1 g − 500 mg = _____ mg

3 Se meio quilograma de açúcar custa R$ 2,25, quanto custam 4 kg?

Quatro quilogramas de açúcar custam _____.

4 Consumi, em 3 dias, 580 g de 1 kg de carne. Quantos gramas de carne sobraram?

Sobraram _____ gramas de carne.

cento e três 103

Unidade 11 — Medidas de massa, de capacidade e de temperatura

5 Tenho 16 kg de chocolate para distribuir igualmente em 5 potes de vidro. Quantos gramas de chocolate colocarei em cada pote?

Colocarei _____ gramas de chocolate em cada pote.

6 Observe a massa de alguns animais. Depois, expresse em quilogramas cada uma delas.

Morsa
Massa: 2,1 toneladas

Rinoceronte
Massa: 3,6 toneladas

_____   _____

7 Luana comprou 1 kg de biscoito por R$ 6,40. Quanto ela pagaria por 2,5 kg desse biscoito?

Pagaria _____ por 2,5 kg do biscoito.

Desafio

Observe as imagens das balanças de pratos a seguir e determine a massa do pacote B em gramas. _____

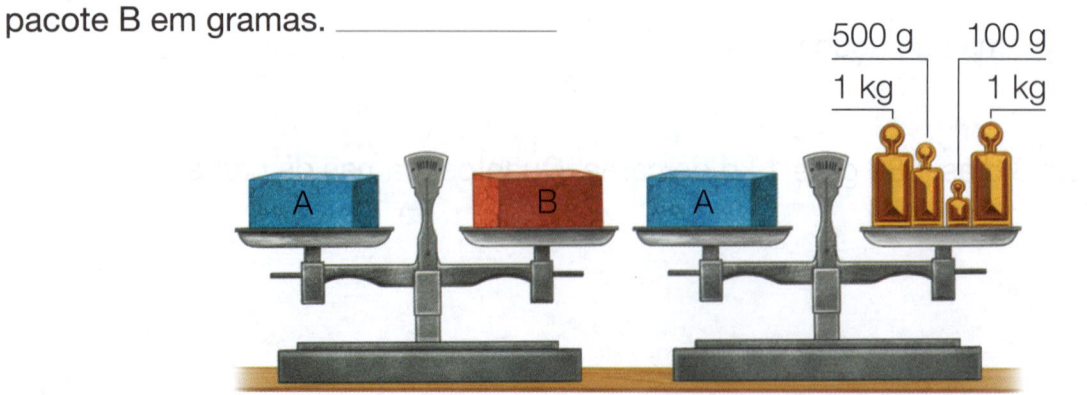

500 g   100 g
1 kg   1 kg

104 cento e quatro

Unidade 11 Medidas de massa, de capacidade e de temperatura

Tarefa 51

1 Dê a representação simplificada (com números e símbolos) das medidas de capacidade abaixo.

a) treze decalitros ▶ _____

b) quinze decilitros ▶ _____

c) sessenta centilitros ▶ _____

d) onze mililitros ▶ _____

e) dois litros e meio ▶ _____

f) catorze litros e meio ▶ _____

2 Escreva por extenso as medidas de capacidade a seguir.

a) 7 L ▶ _____

b) 35 cL ▶ _____

c) 40 hL ▶ _____

d) 11 cL ▶ _____

e) 670 mL ▶ _____

3 Efetue as transformações a seguir.

a) 8 000 L = _____ kL

b) 6 L = _____ mL

c) 62 L = _____ dL

d) 1 L = _____ cL

e) 480 mL = _____ L

f) 5 daL = _____ L

4 Expresse em litros e efetue a adição: 1 kL + 2 hL + 3 daL.

O resultado é _____ litros.

cento e cinco **105**

Unidade 11 Medidas de massa, de capacidade e de temperatura

5 Zeca tem 25 kg de arroz para encher vários saquinhos com 200 g cada um. Quantos saquinhos de arroz serão enchidos?

Serão enchidos _____ saquinhos de arroz.

6 Os médicos aconselham ingerir, em média, 3 L de água por dia. Quantos copos de 200 mL de água devemos ingerir por dia para acatar os conselhos médicos?

Devemos ingerir _____ copos de 200 mL de água por dia.

7 Pergunte a um adulto ou pesquise o preço de 1 L de leite e 1 L de gasolina. Depois, responda às questões.

a) Quanto pagarei por 5 L de leite? _____

b) Quanto gastarei para encher um tanque com 45 L de gasolina?

_____

Desafio

Para fazer 8 L de suco, Adriana gastou R$ 8,80. Por quanto ela deve vender cada copo de 200 mL para ter lucro de R$ 1,40 em cada litro?

Ela deverá vender cada copo por _____.

Unidade 11 — Medidas de massa, de capacidade e de temperatura

Tarefa 52

1 Observe o exemplo e faça as correspondências a seguir.

> **Exemplo:**
>
> 6 meios litros = 3 litros

a) 2 meios litros = _____ litro

b) 18 meios litros = _____ litros

c) 16 quartos de litro = _____ litros

d) 36 quartos de litro = _____ litros

2 Diariamente, Lucas toma $\frac{3}{4}$ de litro de leite.

Quantos litros de leite ele consome em 8 dias?

Lucas consome _____ litros de leite em 8 dias.

3 O posto Alfa, em um intervalo de 5 minutos, abasteceu 3 automóveis: o primeiro com 20 L, o segundo com 3,25 daL e o terceiro com 0,56 hL. Quantos litros de combustível foram necessários para abastecer esses automóveis?

Foram necessários _____ litros de combustível para abastecer os 3 automóveis.

4 Marisa distribuiu 16 L de suco de caju em copos com capacidade de 200 mL. Quantos copos foram utilizados?

Foram utilizados _____ copos.

Unidade 11 — Medidas de massa, de capacidade e de temperatura

5 Um automóvel percorre 12 000 m com 1 L de combustível. Quantos litros esse automóvel gastará para percorrer 300 km?

Esse automóvel gastará _____ litros para percorrer 300 quilômetros.

6 Uma garrafa de suco de uva com 8 L custa R$ 16,00. Quanto pagarei por 2,5 L de suco?

Pagarei _____ por 2,5 L desse suco.

7 Cada um dos 3 gatos de Lili toma 100 mL de leite 2 vezes por dia. No fim de 20 dias, quantos litros de leite os 3 gatos terão consumido?

Os 3 gatos de Lili terão consumido _____ litros de leite.

Desafio

Em um depósito, foram colocadas 13,5 toneladas de café. Todo esse café será distribuído igualmente em caixas com 75 kg cada uma. Quantas caixas serão utilizadas?

Serão utilizadas _____ caixas.

Unidade 11 — Medidas de massa, de capacidade e de temperatura

Tarefa 53

1 Complete os espaços com a unidade de massa mais adequada em cada caso: kg, g ou mg.

a) Pacote de queijo ralado

100 _____

b) Pacote de arroz

5 _____

c) Comprimido

100 _____

2 Um caminhão transporta 5 toneladas de alimentos. A metade dessa carga é de café, 600 quilogramas são de feijão e o restante é de leite em pó.

a) Quantos quilogramas de café o caminhão está transportando?

_____

b) E quantos quilogramas de leite em pó? _____

3 Escreva a temperatura correspondente nos quadros abaixo.

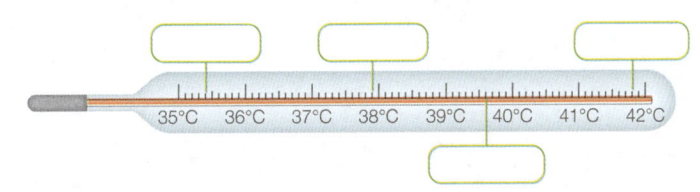

35°C 36°C 37°C 38°C 39°C 40°C 41°C 42°C

Unidade 11 — Medidas de massa, de capacidade e de temperatura

4 Coloque um grão de feijão na palma da mão. Agora, faça o que se pede.

a) Qual é a unidade mais adequada para expressar a medida da massa desse grão de feijão? _____

b) Estime a massa desse grão de feijão. _____

c) Estime a massa de 100 grãos de feijão como esse. _____

5 Uma fábrica produz 320 litros de refrigerante por dia. Dessa quantidade $\frac{3}{8}$ são vendidos para a loja A e o restante para a loja B. Quantos litros são vendidos para a loja B?

São vendidos _____ para a loja B.

6 Uma garrafa de 500 mL de água mineral custa R$ 1,20.

Qual o valor pago em 3 litros dessa água mineral? _____

Desafio

Observe a balança de pratos em equilíbrio. Explique como você distribuiria todas as peças a seguir nessa balança, de modo a mantê-la em equilíbrio.

cento e onze 111

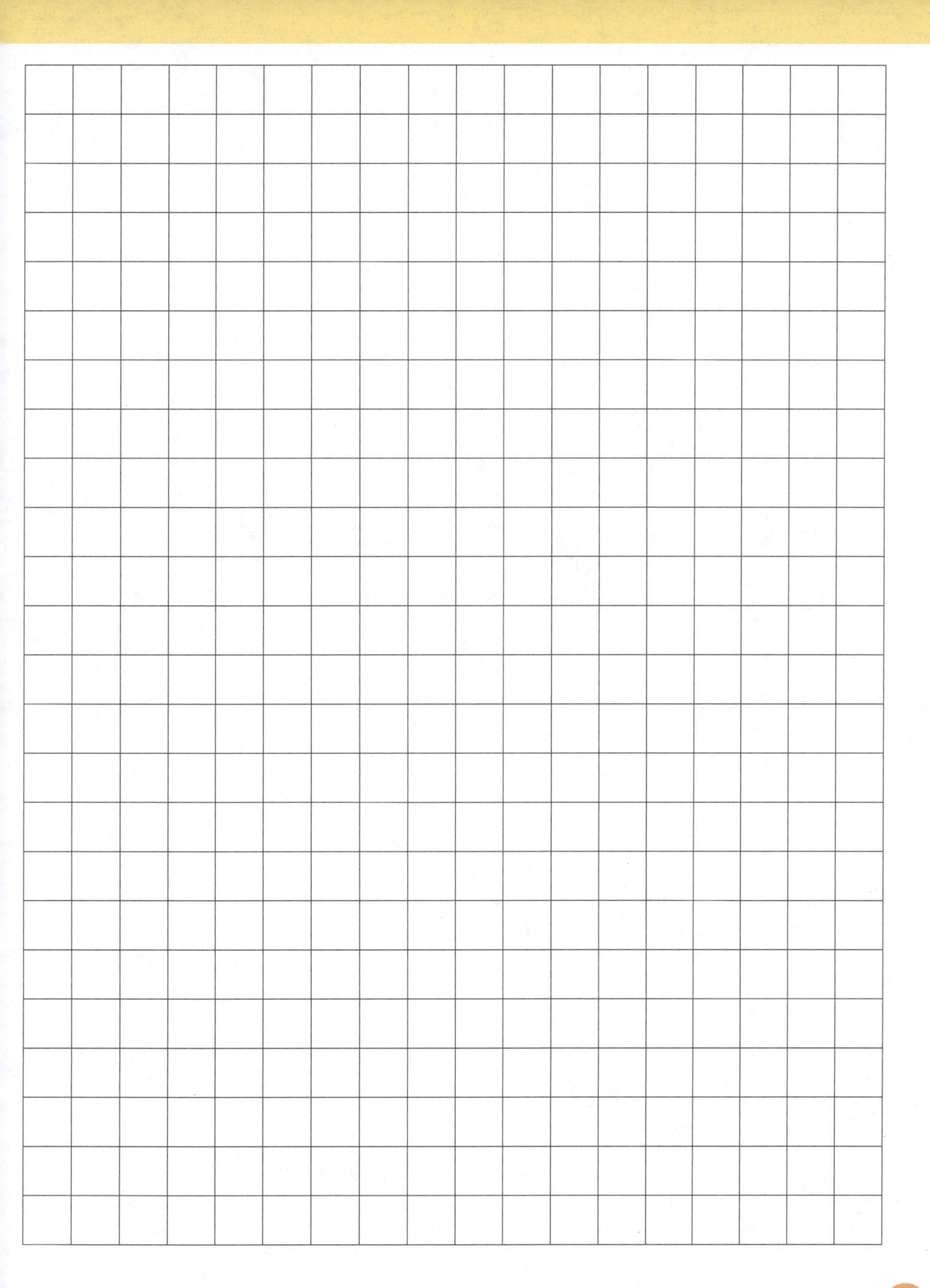